Lernt,
die Sprache der Schöpfung
zu verstehen!

WENEJA TURAN

Die Botschaft der Naturdevas

Das Unsichtbare wird sichtbar

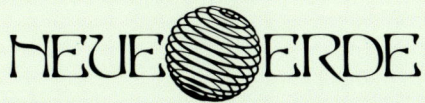

Inhalt

Einführung

Teil 1
Das Reich der Erden- und Himmelsdevas

Teil 2
Das Reich der Devas von Shambhalla

Die Naturdevas wirken und arbeiten energetisch mit uns über die Bilder dieses Buches. Sie haben für uns Menschen Gestalt angenommen und zeigen uns ein Abbild von sich, damit wir sie wahrnehmen können.

Dich, lieber Leser und Betrachter, möchte ich um Achsamkeit bitten, diese Geschenke der Devas unberührt in ihrem Ursprung zu belassen.

Danke von Herzen!

Weneja Turan

Was sind Devas?
Ein Blick in die Vergangenheit, Gegenwart und Zukunft

Das Reich der Naturdevas öffnete während der letzten Jahre neue, geheimnisvolle und vom Menschen bisher unbetretene, heilige Räume. Devas sind Wesenheiten und Energieformen, die in allen Schöpfungsprozessen wirken, im kleinsten Atom bis hin zum Kosmos. Allein diese Vorstellung ist für uns schwer begreifbar, zeigt uns aber wie vielfältig ihre Kräfte sind, ohne die kein Leben möglich wäre.

Die Devas werden in den Veden, den ältesten heiligen Schriften Indiens und in buddhistischen Texten als »himmlische Wesen« oder »Götter«, manchmal auch als »Engel« mit enormen Kräften bezeichnet, die den Menschen beistehen.* Der Buddhismus beschreibt die Fülle der verschiedenen Deva-Welten mit ihren zahlreichen Gruppen, wie z. B. den Devas der Gleichheit, der Klarheit oder des grenzenlosen Lichts.** Einst waren sie unsterblich, sind irgendwann auf den Rang der niederen Gottheiten gesunken und wurden damit dem Zyklus von Werden und Vergehen unterworfen.*

Diese Erkenntnisse der teils Jahrtausende alten Schriften sind für die heutige Zeit nur noch teilweise gültig. Viele Veränderungen haben sich vor allem in jüngster Zeit ereignet, und aktuelle Erkenntnisse über neu entstandene Deva-Welten können hinzugefügt werden.

Die Devas zeigen uns deutlich die Weiterentwicklung, die in ihren Reichen inzwischen stattgefunden hat: Viele der Devas sind »erwacht«, so wie es bereits Buddha in seiner ersten Rede vor über 2500 Jahren voraussagte, und völlig neue Arten von Devas sind entstanden. So sind beispielsweise auch ihre früheren Hierarchien nicht mehr länger als isolierte, höhere und niedere Bereiche anzusehen. Die Devas haben inzwischen ihre Multidimensionalität entwickelt und bestehen in gleichwertigen Reichen vernetzt neben- und miteinander. Diesen Wissensschatz ihrer Entwicklung, mit dem sie uns Menschen voraus sind, wollen sie uns an die Hand geben, damit auch wir davon profitieren können. Sie wollen uns helfen zu erkennen, wie wichtig die Vielfalt und Einzigartigkeit eines jeden einzelnen von uns auf dem Weg in die Einheit ist.

* Storm, Rachel: *Die Enzyklopädie der östlichen Mythologie*. Edition XXL, Reichelsheim 2000, S. 117
** www.wikipedia.org/Devas

Darüber hinaus hat sich ihr Wirkungsraum erweitert, der nun nicht mehr auf den Planeten Erde begrenzt ist, sondern bis in kosmische Dimensionen reicht. Ihre Reiche sind auch nicht mehr unabhängig von dem der Menschen zu sehen, denen sie früher »nur« beistanden.

Sie sind zu Hütern der Einheit geworden, die jetzt auf allen Ebenen gelebt werden muß, und hoffen auf unsere Zusammenarbeit an der globalen Vernetzung. Ihre vollen Kräfte können sie nur gemeinsam mit den Menschen und nur zusammen mit allen anderen Devas entwickeln.

Devas und Menschen sind sich jetzt von großem gegenseitigem Nutzen. Sie brauchen uns für ihre eigene Weiterentwicklung, ebenso wie wir die Devas brauchen, da sie uns die Schöpfungsgesetze lehren, die in der Natur verborgen sind.

Sie fordern jeden von uns auf, unsere persönlichen Lieblingsplätze in der Natur zu finden und zu lichtvollen Kraftplätzen werden zu lassen, die miteinander verbunden sind und der Erde Heilung und Kraft geben.

Für das Wort Deva gibt es in der deutschen Sprache schlichtweg keine Übersetzung, die die Bedeutung exakt wiedergeben würde. Ihr Wesen und ihre Fähigkeiten können nicht in einem einzigen Begriff ausgedrückt werden. Sie können in ihrer Großartigkeit vor allem über das Erspüren mit reinem Herzen erkannt und verstanden werden, da sie an sich formlos und reine Energie sind. Dies erschwert uns die Wahrnehmung der Devas, die letztendlich erst wieder möglich wird, wenn wir uns zu reinen Wesen gewandelt haben. Was dafür in uns verändert werden muß, teilen uns die Naturdevas in ihren bereichernden Botschaften und geheimnisvollen Bildern mit, über die ich sie für deine Augen sichtbar machen darf.

Die Wandlung des Naturreiches, der Erde und des Menschen

Die Naturdevas als Botschafter der Erde und des Himmels wollen wieder zurück in das Bewußtsein der Menschen. Die Kraftplätze und Energielinien der Erde strahlen an verschiedenen Orten unterschiedliche Energien aus, die über die Bildsprache der Naturdevas erfahren werden können und die es zu interpretieren gilt. Die Devas zeigen sich an solchen Orten in einer außerordentlichen Fülle und Vielschichtigkeit. Die dort entstandenen Bilder enthalten wichtige Botschaften, Symbole und Informationen der Naturdevas, die zum einen die Energiequalität des Ortes widerspiegeln und zum anderen dem jeweiligen Betrachter ganz individuelle Botschaften und Erkenntnisse offenbaren.

Die Fotografie als visuelles Medium erleichtert oftmals den Zugang; sie gibt die Realität unverfälscht wieder und macht außerdem durch die Spiegelung Verborgenes erst sichtbar. Für den Betrachter ist es oft schwer, die Tiefe und Multidimensionalität der Bilder der Devas in ihrer Gesamtheit zu entschlüsseln und zu verstehen. Daher habe ich mich entschieden, in diesem Buch die Sprache der Devas näher zu erklären und das in ihrer Bildsprache enthaltene Wissen und meine Wahrnehmungen zu beschreiben.

Die Devas eröffnen uns über ihre Bilder die Spiritualität der Natur und die Verbundenheit von allem, was ist. Sie sprechen selbst an verschiedenen Plätzen und in weit voneinander entfernten Ländern der Erde immer eine gemeinsame und universelle Sprache, die keine Landes- oder Religionsgrenzen kennt und uns die ursprüngliche Einheit des Planeten Erde wiedererkennen läßt.

Erde und Mensch befinden sich derzeit in einem raschen und parallel verlaufenden Wandlungsprozeß, der uns von der Dualität zurück in die Einheit führt. Dies geschieht, indem wir uns von alten, unbrauchbaren Strukturen und selbstgeschaffenen Begrenzungen befreien und sich uns dadurch neuartige Möglichkeiten und Wege erschließen, um zum Mit-Schöpfer zu werden, mit all unseren Potentialen und Fähigkeiten. Viele Naturdevas offenbaren sich gerade jetzt ganz bewußt den Menschen, um uns bei dieser Neuausrichtung beizustehen, uns zu lehren und uns zu begleiten. Sie warten nur darauf, daß wir ihre Weisheit und ihr Wissen wiederentdecken und unsere einst verlorengegangene Verbindung mit ihnen wiederherstellen, um gemeinsam mit ihnen die Neue Erde zu erschaffen.

Sie zeigen uns die größeren Zusammenhänge der Natur und der Schöpfung, sind multidimensional, miteinander vernetzt, entstehen aus den Gesetzen der Heiligen Geometrie und erschaffen Verknüpfungen von Dimensionen, die es nicht zu geben scheint.

Sie teilen uns Botschaften mit, die sowohl die Wandlung der Erde als auch die notwendigen Veränderungen im Bewußtsein der Menschen betreffen. Die beeindruckende Multidimensionalität der Devas fordert und öffnet unser Bewußtsein und bietet uns einen Einblick in die vielen Zwischenebenen mit den parallel existierenden Wesenheiten. Sie zeigen uns in ihrer eigenen Sprache die Schönheit, Vollkommenheit und die Vielfalt der Schöpfung, der Natur und der Mutter Erde als Grundlage unseres Seins.

Die Naturdevas als Spiegelbild der Schöpfung und des Menschen

Die Devas sind an allen Schöpfungsvorgängen beteiligt und Hüter der Lebenskräfte. Sie schaffen die Verbindungen von Geist, Herz und Materie und weben verschiedenste Licht- und Lebensenergien in die unendlichen Prozesse allen Lebens, die sich ständig verändern und neu erschaffen. Sie lassen uns Menschen erahnen, wie die Schöpfung funktioniert, in ihrer für unsere Begriffe kaum faßbaren Vielfalt. Die Devas bilden Formen und Verknüpfungen von der kleinsten Einheit bis hin zur weitesten Dimension, sowohl in uns Menschen, als auch in allen um uns herum bestehenden Lebensformen einschließlich der dichten Materie. Sie wirken genauso auf atomarer Ebene wie in kosmischen Sphären und in all den unzähligen, dazwischen angesiedelten Daseinsformen. Sie sind über all ihre Reiche hinweg multidimensional miteinander vernetzt und unmittelbar mit dem Elementarwesenreich verbunden.

Für uns Menschen ist es wichtig, die Schöpfung und ihre Gesetzmäßigkeiten wieder zu begreifen und zu würdigen, um unseren eigenen Selbst-Wert und den allen Lebens wieder zu erkennen und wertschätzen zu können.

Darüber hinaus sind die Naturdevas ein Spiegel der verschiedenen Dimensionen unseres Selbst und reflektieren den derzeitigen Entwicklungsstand der Menschen, um uns zu fördern und uns zu zeigen, was es noch zu verändern gilt.

Die Naturdevas in meinen Bildern

Die Devas, die ich in meinem Bildern sichtbar machen darf, offenbaren sich ganz bewußt den Menschen und wollen uns im Entstehungsprozeß der Neuen Erde begleiten. Sie suchen den Austausch und den Kontakt mit den Menschen, warten auf unsere Bereitschaft zur Zusammenarbeit und teilen gezielt Botschaften mit. Sie wollen den anstehenden Wandlungsprozessen der Menschen dienen und sie unterstützen. Sie wollen uns auf unserem geistig-spirituellen und irdischen Weg führen. Ich empfinde sie als höherentwickelte Wesenheiten, die mit den Elementarwesen zusammen agieren. Sie sind oftmals losgelöst von einem Ort und machen es durch ihre Erscheinung möglich, daß wir uns mit bestimmten Themen und Energien verbinden. Sie wollen unsere Entwicklung unterstützen, Altes zu wandeln und in Reinheit, Klarheit und voller Selbstverantwortung Neues in uns zu entwickeln, um es dann hinaus in die Neue Erde projizieren zu können. Sie zeigen uns Bilder der Ganzheit in all ihren Facetten und damit das offene Geheimnis, daß wir ein Teil dieses großen Ganzen und mit allem verbunden sind.

Sie drängen auch mich dazu, daß ich mich immer wieder mit den neuen Erkenntnissen, Erscheinungen und Botschaften auseinandersetze, und zeigen mir deutlich die ständigen Veränderungen und Fortschritte, die wir Menschen und die Erde beiderseits derzeit durchleben.

Über die heiligen Devas von Shambhalla, die ich als besondere Hierarchie der Devas sichtbar machen darf und die sich mir seit einigen Jahren offenbaren, gelangt erstmalig völlig neues Wissen aus der Welt der Devas zu uns Menschen. Sie weisen uns einen Weg, der noch vor uns liegt, und wecken die Erinnerung an unsere spirituellen Wurzeln. Sie hielten sich bewußt lange Zeit im Verborgenen und öffnen sich erst jetzt den Menschen, da sie zu einem früheren Zeitpunkt auf deren Ablehnung und Unverständnis gestoßen wären.

Meine Bilder sind zu allen Jahreszeiten an den unterschiedlichsten Kraftplätzen und heiligen Orten in Deutschland, Frankreich und Indien entstanden.

Ich will noch deutlich darauf hinweisen, daß die Spiegelung zwar eine Technik ist, mit der die Devas sichtbar gemacht werden, aber sich auch andere Wesenheiten zeigen können, die nicht Inhalt dieses Buches sind. Welche Geschöpfe in Erscheinung treten, hängt von der individuellen Resonanz des Fotografierenden ab.

Warum ist die Spiegelung
für unsere Wahrnehmung notwendig?

Die gesamte Schöpfung ist wie ein Spiegel aufgebaut. Wir Menschen besitzen zwei spiegelbildliche Körper- und Gehirnhälften, genauso wie ein Schmetterling, ein Vogel, die Blätter der Bäume – alles besitzt zwei spiegelbildliche Hälften. Ohne die zweite Hälfte wäre kein Leben möglich.

Die Schöpfung ist immer ein Bild der Dualität – jedoch sind hier immer zwei Polaritäten im absoluten Einklang und in Harmonie vereint und ergeben zusammen eine größere Einheit. **Ein Spiegelbild ist ein Bild der Einheit und Harmonie.**

Obwohl wir umgeben von diesen Bildern der Einheit und sogar selbst ein Bild der Einheit sind, haben wir verlernt, sie bewußt wahrzunehmen. Wir haben uns in das Spiel der Dualität hineinbegeben, um diese in all ihren Facetten erfahren zu können. Oft fühlen wir uns einsam und abgetrennt von allem. Die Phase der Dualität hat uns auch an Extreme und an Grenzen gebracht, die es nun zu erkennen und zu wandeln gilt, um wieder zu einer ganzheitlichen Sicht aller Dinge zurückzukehren.

Ganzheitlichkeit macht den Ausgleich von Polaritäten möglich. Wir besitzen allgemein die ausgeprägte Fähigkeit, unsere Wahrnehmung auf eine einzige Sicht der Dinge zu beschränken; jedoch ist es unabdingbar, auch das große Ganze dahinter zu erkennen. Unsere Wahrnehmung muß sich wieder ausdehnen und sich für die Multidimensionalität öffnen, um uns selbst und das Wesen der Erde in seiner Gesamtheit mit allen Vernetzungen erfahren zu können. Parallel dazu muß sich unser Bewußtsein in verschiedenen Stufen entwickeln. Da es sich selbst nicht wahrnehmen kann, braucht es einen reflektierenden Spiegel, um die eigene Ebene erkennen zu können, auf der es sich befindet.

Die Naturdevas können oftmals von den Menschen nicht wahrgenommen werden. Ein Spiegelbild eröffnet dem Betrachter neue Raumdimensionen, an deren Vorhandensein unser menschlicher Verstand gewöhnlich erst einmal zweifelt. Jedoch sind diese Parallelwelten *ein* Bild der Wirklichkeit, und gleichzeitig existieren unzählige weitere Bilder auf anderen Raum- und Zeitebenen! Zugleich wird uns immer ein Bild der kosmischen Ordnung offenbart, denn es gibt keine »zufällige« Struktur, sondern immer ein Eingebundensein in ein übergeordnetes Ganzes.

Durch die Spiegelung werden verborgene Wirklichkeiten sichtbar, Raum-ebenen vernetzt, Farben, Formen und Licht sichtbar, die ansonsten jenseits unserer Wahrnehmung liegen würden. So erhält ein herabgefallenes Blatt oder ein abgebrochener Zweig in einer anderen Raumdimension einen neuen Zusammenhang, der sich erst durch das symmetrische Gegenstück in seiner Großartigkeit erschließt. Über das Spiegelbild gelangen wir zurück zum Bild der Einheit.

Die Devas machen uns die beseelte Natur mit ihrem lebendigen Bewußtsein sichtbar und zeigen uns, daß wir von ihr lernen können, wie es bereits viele Völker dieser Erde vor uns taten und tun.

Sie fordern uns über ihre Bildsprache auf, die eingefahrenen Denkmuster und Strukturen in uns zu erkennen, die uns oftmals sehr geprägt, beengt und unsere Sicht aus verschiedenen Blickwinkeln verhindert haben. Indem wir unsere Wahrnehmung und unser Bewußtsein öffnen und verfeinern, schaffen wir die Voraussetzung, um auch komplexere und vernetzte Zusammenhänge nicht nur im Naturreich zu erkennen und zu verstehen. Wieviel jemand erkennt und wahrnimmt, liegt sozusagen im Auge des Betrachters. Auch unsere Augen brauchen einen Spiegel, um sich selbst sehen zu können.

Anmerkung zu den Bildern:
Die Fotografien sind völlig wirklichkeitsgetreu und wurden lediglich gespiegelt und zusammengefügt. Auf jegliche technische Verfremdung bzw. farbliche Veränderung wurde verzichtet.

Teil 1

Das Reich der Erden- und Himmelsdevas

Erscheinungsformen der Devas

Licht- und Schattendevas

Die Devas an sich sind voller Reinheit und frei von allen Schatten, auf ihrer Ebene sind alle Polaritäten ausgeglichen und im Gleichgewicht. Trotzdem zeigen sie sich als Licht- und Schattenwesen, um auf der menschlichen Ebene auf bestimmte Themen hinzuweisen und uns gleichzeitig die Zusammenhänge polarer Energien zu verdeutlichen.

Eine strikte Trennung in Licht- und Schattendevas ist eigentlich nicht möglich, da die Schattenwesen erst durch das Licht entstehen und somit nur eine andere Form der Lichtsprache darstellen. Trotzdem haben wir den Eindruck, als ob auf einzelnen Bildern entweder die Schattendevas oder die Lichtdevas dominieren würden. Dies versuche ich im folgenden anhand einiger Bild-Beispiele aufzuzeigen. Außerdem gibt es Erscheinungsformen von Lichtdevas, die das reinste Licht – das sogenannte Urlicht – in sich tragen. Diese besonderen Wesen sind Hüter der höchsten Lichtfrequenzen und werden im 2. Teil des Buches näher erklärt.

Die Erscheinungen der **Lichtdevas** sind ohne Schatten. Sie berühren uns mit ihrer sanften Energie der Reinheit, Schönheit und bedingungslosen Liebe. Sie zeigen sich oftmals, um uns auf das Licht in einem Baum oder das Licht eines Ortes hinzuweisen. Dies macht deutlich, daß sie in besonderer Weise als Lichtträger an den Schöpfungsvorgängen beteiligt sind. Sie bringen die Lebensenergie in einen Baum, in einen Felsen hinein oder an einen Ort. Diese Devas transformieren und verteilen das Urlicht über die feinstofflichen Energienetze der Erde an die unzähligen Stellen der Schöpfung und sorgen für unablässigen Nachschub.

Die Lichtdevas machen sich uns Menschen sichtbar, damit wir uns über ihre Schwingung und über die verschiedenen Lichtfrequenzen, die sie ausstrahlen, wieder mit unserem eigenen inneren Licht verbinden. Gleichzeitig können sie uns wieder an das reine Licht der Quelle, der Schöpfung allen Seins, anbinden. Sie besitzen eine starke Energieausstrahlung und übermitteln das reine Licht der bedingungslosen Liebe.

Lichtdeva in einem Baum

Lichtdevas in einem scheinbar abgestorbenen Baumstumpf

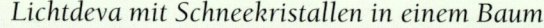

Lichtdeva im Wasser mit Licht-Pyramide

Lichtdeva mit Schneekristallen in einem Baum

Lichtgrotten sind heilige Räume, in denen das konzentrierte reine Urlicht hier auf der Erde verankert, gehalten und geschützt wird. Darin und darüber lassen sich verschiedenste Devas finden, die als Wächter und Beschützer fungieren. (Die Strahl- und Wirkkraft des Urlichts wird in einer Botschaft im zweiten Teil des Buches von einem der Könige des Urlichts offenbart.)

Lichtgrotte mit menschenähnlichem Wächter

Schattendevas zeigen uns lediglich eine andere Polarität des Lichts. Diese andere Art der Lichtsprache gilt es zu verstehen und sich für die tiefe Schattenweisheit der Devas zu öffnen, die darin verborgen liegt.

Schattenwesen erzeugen oftmals eine Resonanz in uns und konfrontieren uns mit unseren eigenen Schatten, die meist tief in uns verborgen liegen. Wenn sich diese Devas offenbaren, ist das für uns Menschen eine Botschaft, die Licht- und Schattenseiten zu erkennen und diese Dualität in uns zu vereinigen.

Alle Schattenseiten von uns anzunehmen und so die Schattenwesen in uns zu erlösen oder zu integrieren, um im reinsten Licht zu erstrahlen, das ist unsere große, inkarnationsübergreifende Seelenaufgabe!

Schattendevas werden sich solange zeigen, bis der Ausgleich polarer Energien auf der Erde wiederhergestellt ist. Sie werden unbewußt und bewußt auch vom Menschen selbst durch die Qualität seiner jeweiligen Emotionen und Gedanken und durch seinen Willen geschaffen.

Nicht immer geht es bei den Schattendevas um das Thema der menschlichen Schatten. Oftmals zeigen sich Licht- und Schattendevas zusammen und versinnbildlichen die Zusammenhänge von Geist und Materie. Auch bei diesem

Thema sollte der Mensch seine Haltung ändern und erkennen, daß er mit dem Geist Materie erschaffen kann. Allerdings müssen wir uns zukünftig darüber im klaren sein, welche Qualität von Materie wir uns erschaffen. Je klarer und achtsamer unser Geist ist, desto reiner, hochschwingender, energiegeladener und beständiger werden die Dinge sein, die wir uns neu erschaffen und für unsere Bedürfnisse wirklich brauchen.

Das Spiel des Sonnenlichts und die dadurch entstehenden Schatten sind eine Momentaufnahme und bergen das Thema der Vergänglichkeit in sich. Auch die menschlichen Schatten werden irgendwann (durch die Verwandlung und Auflösung) Vergangenheit sein. Das oft negativ besetzte Bild, das wir von den Schattenwesen (vor allem der Gehörnten) haben, bedarf ebenfalls einer Wandlung und Transformation. Licht- und Schattendevas in Koexistenz stehen sinnbildlich auch für die Sonnen- und Mondenkräfte, die Mensch und Kosmos beeinflussen, wie dies in der nachfolgenden Botschaft der Mondlicht-Deva deutlich wird.

Die Botschaft der Mondlicht-Deva von Chartres:
»Ich zeige mich euch als Lichtpriesterin des Mondes. Mein Gesicht trägt die Schattenmaske des Mondlichts. Ich bin Trägerin eines besonderen Lichts, das sich euch nur in der scheinbaren Dunkelheit der Nacht offenbart. Als weibliche Hüterin der lunaren Energie trage ich den solaren Gegenpol – das Gesicht der männlichen Sonne – in meinem Schoß. Auch die Verbindung zur Erde trage ich in meinem Herzen. Mein Haupt trägt den weiblichen Kelch der Empfängnis, der den Rhythmus des Mondes und seine Lichtfrequenzen empfängt. Mein Drittes Auge leuchtet hell und pulsiert mit der Frequenz des Mondlichts, das zur Erde geleitet wird.

Laßt euch von der Finsternis und der Dunkelheit der Nacht nicht abbringen, das Mondlicht mit seiner ganz besonderen lebensspendenden und rhythmischen Qualität wahrzunehmen und in euer Sein zu integrieren. Solare und lunare Energien bestimmen euren Erdrhythmus und müssen in Einklang gebracht werden. Die besondere Energiequalität des Mondlichts könnt ihr durch meine Strahlkraft spüren.

Erhebt euren Kelch und empfangt diese göttlich weibliche Kraft mit ihrem Licht!«

Das Mondlicht birgt eine besondere Qualität in sich: Es ist das Licht der Dunkelheit und erhellt die zweite Hälfte der Gesamtheit eines Tages. Meist lieben wir die leuchtende Sonne mehr, deren Licht die dunkle Nacht vertreibt. Der Rhythmus und ständige Wandel von Tag und Nacht, Sonne- und Mondenergien, wirkt gleichermaßen, auch wenn unser Erdrhythmus auf die Sonne ausgerichtet ist.

Die Mondlicht-Deva zeigte sich im Stamm einer alten Eibe, die im Park der Kathedrale von Chartres steht. An diesem heiligen Ort, an dem sich Licht und Dunkel treffen, ist auch die Präsenz der weiblichen Urenergie deutlich spürbar, die früher an diesem einst keltischen Kraftort verehrt wurde. Das Bild entstand am Tage vor einer Vollmondnacht.

Devas der Einheit – männliche und weibliche Devas im Einklang

Die Devas selbst leben jenseits jeglicher Dualität und sind eins mit allem. Dennoch zeigen sie uns sehr häufig über ihre Bild- und Formensprache, wie die weiblichen und männlichen Energien ausbalanciert und im Einklang bestehen, da dies ein wichtiges Thema der Menschheit ist, das es auf verschiedenen Ebenen zu bearbeiten gilt. Die weiblichen und männlichen Wesen erscheinen auf diesen Bildern in völligem Gleichgewicht, harmonisch und in liebevoller Achtsamkeit neben- und miteinander.

Sie strahlen in solchen Bildern absolute Harmonie aus und zeigen uns das Idealbild der Einheit. Mit dem Gleichklang dieser gegensätzlichen Energien in uns entsteht tiefer innerer Frieden, Gelassenheit und Ruhe. Die Verschmelzung dieser Gegenpole in uns hebt uns auf eine neue Ebene unseres Seins in Bezug auf unseren eigenen Körper und darüber hinaus in unseren partnerschaftlichen Beziehungen.

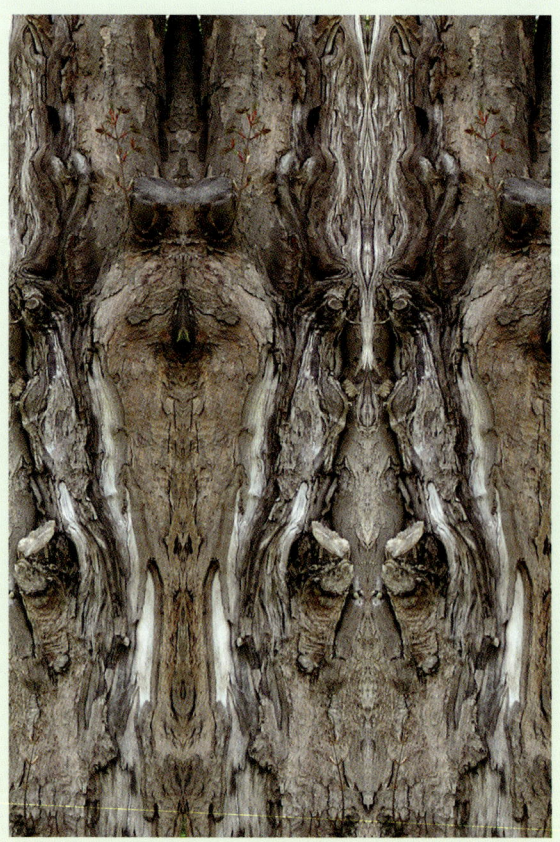

Kosmisches Paar im Einklang

Die Erscheinungsform eines Paares wird von den Devas als Gleichnis verwendet, da wir Menschen oftmals auf der Suche nach unserer »zweiten Hälfte« sind und dieses Bild in jedem von uns Resonanz erzeugt. Das »kosmische Paar« ist die Vollendung und Vervollkommnung partnerschaftlichen Lebens. Darüber hinaus besteht unser eigener Körper aus einer weiblichen (linken) und einer männlichen (rechten) Körperhälfte.

Zwillingsdevas spiegeln uns den Aspekt des Seelenpartners wider.
Die Verbundenheit zu einem Körper, Individualität und gleichzeitige Ganzheit.

In manchen Erscheinungsformen gehen die Devas sogar noch einen Schritt weiter: Sie zeigen uns auch, daß ein und dieselbe Form je nach Betrachtungsweise eine weibliche und männliche Ausstrahlung besitzen kann. Insofern ist nicht nur die parallele Existenz dieser beiden polaren Energien möglich, sondern mehr noch: die absolute Einheit und Verschmelzung zur ALL-EINHEIT. Das eine enthält immer auch das andere, eine Trennung besteht eigentlich nicht.

Auf kosmischer Ebene spiegeln uns diese Devas das Thema von Gott-Vater und Gott-Mutter, die seit Anbeginn der Zeiten in Gleichheit und Einheit gemeinsam agieren und mit ihren ausgewogenen Kräften alle weiblichen und männlichen Energien in Harmonie halten. Die Zwiegestalt Gottes mit sowohl weiblichen als auch männlichen Aspekten als Einheit, wird uns von den Devas immer wieder ganz deutlich vor Augen geführt.

Die einst verdrängte weibliche Schöpfungsenergie, die durch die Herrschaft des Patriarchats über Jahrhunderte und Jahrtausende hinweg aus unserer Wahrnehmung verschwand, wird jetzt durch die vermehrt auftretenden weiblichen Devas wieder in den Vordergrund gerückt und ausgeglichen. Obwohl wir immer wieder den Begriff der »Mutter Erde« verwenden, zeigen uns diese Devas auch den Vateraspekt der Erde. Dies erscheint vielen von uns vielleicht neu, ist jedoch genauso Teil der Einheit von der Neuen Erde mit ihren zwei Gesichtern und gehört zur Polarität dazu.

Der schützende und behütende Vateraspekt der Erde

Devas der Verbundenheit von Himmel und Erde

Die Notwendigkeit, die Ganzheit wiederzuerkennen und zu spüren, daß jeder als individueller Bestandteil in ein großes Ganzes eingebettet ist, stellt ein wichtiges Thema dar, das uns die Devas in unzähligen Varianten zeigen. Wir dürfen uns nicht länger nur als Gast auf dem Planeten Erde fühlen. Wir sind ein Teil der Erde und leben mit ihr, genauso wie sie mit uns. Die reine Liebe der Erde ist bedingungslos – unsere in der Regel (noch) nicht.

Der Mensch ist ein Bindeglied zwischen Himmel und Erde, zwischen Oben und Unten. Wir müssen uns wieder als diese ganzheitlichen Wesen begreifen, die mit allem, was ist, universell verbunden sind.

Diese Ausrichtung zeigt sich auch innerhalb unseres menschlichen Körpers, durch die Aufteilung unserer Chakren in eine obere und untere Hälfte und dem Herzchakra als dazwischen liegende Verbindung.

*Devas der kosmischen Verbundenheit in blau-grau und
Erddevas in grün und braun durchdringen einander.*

Deutlich spiegeln uns die Devas hier die Polarität von Oben und Unten, Himmel und Erde in einer Felsformation. Die Gesteinsschichten stehen durch ihre Zweifarbigkeit für die unterschiedlichen Sphären der himmlischen und irdischen Ebene. Die Himmelsdevas zeigen sich oben auf der Felsoberfläche in weißer Erscheinung. Die Erddevas sind eher versteckt im Innern einer Höhle im unteren Teil.

Mehrdimensionale Polaritäten von Oben und Unten, Licht und Schatten kommen in diesem Felsenbild zum Ausdruck - durch sehr alte, wissende und ernst blickende Wesen. Die Himmelswesen, die sich im oberen Bildteil auf dem lichterfüllten Felsen zeigen, der fast zu schweben scheint, strahlen große Weisheit aus. Die Erdwesen wirken sehr zentriert und verbunden mit der Erde. Die »Zwischenzone«, die vom filigranen Blattwerk der Büsche bestimmt wird, stellt einen Bereich dar, in dem die Verschmelzung der Polaritäten vor sich geht. Hier zeigen sich Wesen, die beide Teile in sich tragen – sowohl vom Himmel als auch der Erde.

Die Deva der Sphären versinnbildlicht durch die zwei Farbnuancen in Grün und Braun die Ebenen von Oben und Unten und vereinigt diese in sich. Der obere grüne Teil im Kopfbereich mit hohem Kronenchakra steht für den himmlisch-geistigen Bereich und der untere braune Teil des Körpers zeigt die irdisch-stofflichen Bereiche mit unseren Wurzeln, die wiederum im Licht gründen.

Dieses Bild wurde bei einer alten Eibe im Park der Kathedrale von Chartres aufgenommen, einem Kraftort, an dem sich die Energien von Himmel und Erde vereinigen. An so einem Platz erfährt sich der Mensch angesichts der mächtigen Ausstrahlung und der Größe der gotischen Kathedrale als »kleines Wesen«. Die Devas des Himmels mit ihren gehörnten und nach oben weisenden Gliedmaßen werden von den Erddevas mit ihren nach unten ausgerichteten Kanälen auf den Schultern getragen. Die Beine der Himmelsdevas verschmelzen mit den Armen der Erddevas und werden EINS. Zwischen den Devas erkennt man als kleine Maske symbolisch den Menschen (siehe oben) – als Bindeglied zwischen Himmel und Erde. Die Größe dieser Maske steht symbolisch für die Dimension des Menschen im Zusammenhang mit Himmel und Erde als die große kosmische Einheit. Der Mensch ist zugleich im Herzen der Himmelswesen und im Kronenchakra des Erdwesens geborgen.

»Du als Mensch
bist mit deinem Sein
eingebettet in ein großes Ganzes.
Du bist ein Teil des Himmels
und ein Teil der Erde.«

Hüter, Wächter und Beschützer

Die Eingänge zu besonderen Plätzen werden durch mächtige Wächter und Hüter gesichert. Diese Wesen flankieren oder überschauen die Plätze, die unter ihrem Schutz stehen. Sie zeigen sich oftmals mit strengem Blick, der ihre Autorität und Beschützerkraft deutlich unterstreicht.

Wächter befinden sich an natürlichen Kraftplätzen, aber auch an Orten, an denen etwa Bäume von Menschen zu einem bestimmten Zweck gepflanzt wurden.

Wächter an natürlichen Kraftplätzen

Wächterbaum an Mahatma Gandhis Verbrennungsstätte in Delhi/Indien (gepflanzter Tempelbaum der als Symbol für Unsterblichkeit gilt).

Auch Devas, die außergewöhnliches Wissen tragen, sind immer von großen und mächtigen Beschützern und Begleitern (oftmals auch Lichtdevas) umgeben.

Hier sind zwei weiße, drachenähnliche Wesen die lichtvollen Beschützer einer weiblichen Deva, die an einem keltischen Kraftort scheinbar aus der Tiefe der Erde emporgestiegen ist und mit ihren Begleitern über den Felsen schwebt.

Hüter an einem Bachlauf mit lichtvollem Wasser

Große weibliche Hüterin, die in sich ein erleuchtetes Lichtwesen von Shambhalla (siehe Teil 2 des Buches) beschützt. Die Hüterin trägt einen hellen, reflektierenden Schutzmantel und ist ihrerseits in eine Pyramide eingebettet.

Dieses alte bärtige Baumwesen ist der Hüter einer alten Linde, der im Hauptstamm des Baumes residiert und von weiteren Devas begleitet wird. Sein liebevoller und sanftmütiger Blick verströmt die weiche und in sich ruhende Herzenergie, die sich auch in den herzförmigen Lindenblättern widerspiegelt.

Der Lotus-Hüter wacht über die Reinheit des Herzens und leitet uns an, unseren eigenen Herzlotus von der Knospe zur vollkommenen Blüte zu entfalten.

Der Lotus-Hüter und die Reinheit des Herzens

Botschaft:

»Ich wache hier über die heilige Stille und Reinheit des Herzens.

Ich ruhe im Licht der Lotusse im Wasser des Lebens.

Entfalte auch du die grüne Heilkraft deiner Herzensblüte.

Öffne deinen Herz-Lotus von der Knospe zur voll entfalteten Blüte und strahle in Reinheit, Sanftheit und Zartheit deine ureigene Herzensqualität aus!

Sei großherzig!«

Lichtvoller Hüter, der schützend seine Arme über ein strahlendes Lichtwesen in seinem Innern ausbreitet.

Zwei mächtige Wächter zeigen sich an der Festung von Jodhpur im Staat Rajasthan in Nord-Indien. Diese Festung thront über der Stadt auf einem mächtigen Felsmassiv und scheint aus ihm herauszuwachsen. Im unteren Teil der Felsenfestung, der von Menschenhand unbearbeitet ist, zeigten sich an gleicher Stelle zwei verschiedene mächtige Wesen als Wächter und viele weitere Devas, die die gewaltige Größe der Festung erkennen lassen und sich über die gesamte Höhe, bis hinauf zu den von Menschen gebauten Mauern erstrecken. Das linke Bild zeigt auf der Mauerkrone zum Vergleich die Größe eines Menschen.

Ein Wächter mit Lichtkrone beschützt diesen besonderen Wasserkraftplatz.

Kosmische Tore, Dimensions- und Aufstiegstore

Tore öffnen und vernetzen verschiedene Richtungen der Raumdimensionen. Manche geben durch besondere Kanäle Aufstiegsmöglichkeiten in unterschiedliche Welten preis und öffnen sich nach oben. Andere tun sich nach unten auf, in die Erde hinein. Eine andere Art von Toren öffnet eher die Tiefen des horizontalen Raumes.

Kosmische Tore zeigen sich in den Geometrien von Bäumen und Felsen und werden von Wächtern und Hütern geschützt und gebildet. Die Devas, die man dort antrifft, deuten auf die Verschmelzung und Vernetzung von Raumebenen hin, die es eigentlich nicht zu geben scheint. Für unsere Wahrnehmung wirkt dies auf den Bildern manchmal als optische Täuschung.

Diese Tore formieren sich an Übergängen, wo wir an der Schwelle zu anderen Dimensionen stehen. Wir können sie mit besonderem Gewahrsein durchschreiten und so Einblick in Parallelwelten erhalten. Sie öffnen uns den Zugang zur Multidimensionalität und laden uns ein zu wählen, auf welcher Seite des Tores wir stehen, wahrnehmen und fühlen wollen: Diesseits des Tores mit unseren alten Gewohnheiten und Begrenzungen oder jenseits des Tores, wo es Neues und Unbekanntes zu entdecken gibt. Möglich ist alles.

Die Tore besitzen nicht nur Funktionsformen für räumliche Dimensionen, sondern auch für zeitliche Dimensionen. So können wir durch sie andere Zeiträume erfahren, die parallel zu unserem linearen Zeitempfinden verlaufen.

In der Sprache der Heiligen Geometrie, die sich in diesen Toren ausdrückt, können wir weitere Informationen hinsichtlich der Art des jeweiligen Tores ablesen. Die Hüter und Wächter dieser Tore erscheinen in den unterschiedlichsten Formen. Indem wir sie genauer betrachten, können wir ebenfalls auf die Bedeutung des Tores schließen.

Baum- und Felsentore öffnen verschiedenartige Zugänge zu anderen Dimensionen. Die Baumtore erscheinen häufig filigran und leicht, und zeigen sich meist einladend, während die Felsentore mächtig und schwer wirken und ihre Schwellenhüter uns erst prüfen, ob wir zum Hindurchgehen bereit sind.

Ein Torhüter, der zwei räumlich getrennte Uferseiten miteinander verbindet und die Bogenspitze in seinen Händen hält. Das Symbol des Sechssterns im Bogenscheitel des Tores macht einen besonderen Dimensionsübergang kenntlich, an dem die Verschmelzung himmlischer und irdischer Energien stattfindet. Zusätzlich wirken die Erden- und Himmelsdevas in ihren Erscheinungsformen und -farben zusammen. Der erdverbundene Torhüter wird von den braunen Ästen der Bäume gebildet und ist fest in der Erde verwurzelt. Über dem Torbogen breitet im Himmel eine filigrane Deva durch das Weiß der Wolken ihre Flügel aus. Himmel und Erde bilden hier eine Einheit in ihrer scheinbaren Trennung von Oben und Unten.

Über diesem Tordurchgang hat sich über dem Bogenscheitel ein großer freundlicher Wächter postiert. Er scheint den Betrachter geradezu einzuladen, hindurchzuschreiten. Der Torbogen öffnet sich im Innern herzförmig. Das Tor verströmt insgesamt große Leichtigkeit und öffnet Raumdimensionen zur Unendlichkeit. Das Tor unterteilt sich farblich in drei Zonen: das Weiß des Schnees als Sinnbild für die Reinheit; der dichte Wald im Hintergrund öffnet die Tiefe des Raumes; das wolkenlose Blau des Himmels verbindet mit der Grenzenlosigkeit. Die Äste des Baumtores bilden hierbei die Netzstruktur, die alle Bereiche miteinander verbindet.

Felsentor

Hier wird der Toreingang von einem mächtigen Wesen gebildet, das als »Hüter der Schwelle« bezeichnet werden kann. Im Gegensatz zu den filigranen Toren der Bäume erwecken Felsentore oft den Anschein, als wären sie verschlossen und unpassierbar. Sie halten den Betrachter zunächst auf Abstand und fordern ihn zum Innehalten auf. Dadurch wird meist die Willenskraft des Betrachters geprüft, wodurch wir uns ganz bewußt für ein Durchschreiten dieses Tores entschließen müssen.

In diesem Eichenwald zeigt sich ein filigranes Lichttor als Dimensions- oder Aufstiegstor. Vor dem Eingang befinden sich zwei einander zugewandte Wesen, die fast menschlich erscheinen und sich über eine Lichtinsel beugen. Der Bogen des Tores verläuft in einem sehr spitzen Winkel, der den Energiefluß nach oben unterstützt. Die senkrechte Achse bildet im Torinnern einen breiten Aufstiegskanal, der dem Himmel entgegenstrebt und von innen erleuchtet ist. Die Bogenspitze öffnet sich kelchförmig nach oben und wird von einem Wesen ausgefüllt, das über den Kanal in höhere Dimensionen wacht.

Geometrische Portale, die an die Formensprache gotischer Kathedralen erinnern.

Filigranes Schatztor in der Form einer heiligen Stupa

44

Aufstiegstor – Verbindung zum Reich der Ahnen
und der nicht inkarnierten Seelen

Die Äste der flankierenden Bäume bilden Querverbindungen, die mit
dem Mittelpfeiler des Tores verbunden sind, der als Aufstiegskanal dient.
Er ist im unteren Bereich mit einer Art »schamanischer Totemmaske«
geschmückt, einem Wesen, das den Zugang zur Astralwelt bewacht und
öffnet.

Licht- und Aufstiegstor – Verbindung zur göttlichen Quelle
Dieses an einem Wallfahrtsort in Franken entstandene, sich öffnende Tor in Form einer Fischblase (als Symbol für den Samen des Lebens) trägt im Innern das göttliche Licht und Herzformen. Die Spitze des Samenkorns öffnet sich zu höheren Dimensionen und zeigt ein aufgestiegenes männliches Wesen als Hüter, der eine Kugel – die vollendete Form der Einheit – in Händen hält.

Geflügelte Devas und Botschafter der Erde

Devas und Engel entstammen einer Evolutionsebene. Wir Menschen erkennen in der Regel einen Engel an seiner Schönheit und der Liebe, die er ausstrahlt, und an seiner geflügelten Gestalt. Engel werden von uns fast ausschließlich als lichtvolle Wesen wahrgenommen. Diese Prägung und Begrenzung unserer Wahrnehmung erschwert uns oft das Erkennen der Devas.

Die Reiche der Devas und der Engel sind unmittelbar miteinander verwoben. Die Devas zeigen uns ihre Verbundenheit mit der Engelwelt in vielen verschiedenen, aber nicht ausschließlich lichtvollen Varianten, durch ihre Erscheinung als geflügelte Wesen. Wie bereits im Kapitel über die Licht- und Schattendevas erwähnt, sind die Devas an sich reine Geschöpfe, obwohl sie sich engelhaft auch als Schattendevas zeigen.

Sie breiten ihre Flügel liebevoll beschützend über eine Landschaft aus und spenden Lebens- und Lichtenergien. Dies können sie in Form von Licht und Schatten tun. Auch Schattendevas sind lichtvolle Wesen.

Diese Lichtdeva mit großen ausgebreiteten Flügeln im Wasser eines Baches hat eine Lichtpyramide bei sich und zeigt uns, wie auch die Menschen Kraftplätze mit Licht und Lebensenergie aktivieren und mit Hilfe der Devas vernetzen können, um das Lebenskraftnetz der Erde wieder herzustellen.

Geflügelte Deva aus Licht und Schatten

Engelhaftes weibliches Wesen, das über dem unteren männlichen Wesen seine Flügel öffnet.

Engel-Devas des Friedens (weißes, königliches, männliches Wesen unten) und der Heilung (grünes weibliches Wesen darüber) zeigen sich hier mit schmetterlingsartigen Flügeln und spenden ihren Segen.

Die **Botschafter der Erde** stellen eine besondere Erscheinungsform der geflügelten Devas dar. Mit ihrer Kopfbedeckung erinnern sie uns an den Götterboten Hermes, der einen Helm mit seitlichen Flügeln trägt. Diese Devas sind an bedeutsamen Naturplätzen anzutreffen, die mit altem Wissen in Verbindung stehen. Sie zeigen sich auch in den ältesten Baumwesen der Erde, den Mammutbäumen, die uraltes Wissen über die Erde und all ihre Zivilisationen in sich gespeichert haben.

Auf diesem Bild, das an einem druidischen Kraftplatz entstanden ist, zeigt sich ein Botschafter der Erde mit helmähnlicher Kopfbedeckung und Flügeln daran. Der Gott Hermes verfügte über große Kenntnisse der Natur und der Alchemie. Auch die Druiden wußten mit diesen beiden Wissenschaften umzugehen. Die Aufnahme entstand am Tag der Erde im März 2009.

Dieser Botschafter zeigte sich in einem alten Mammutbaum, die als größte Baumwesen der Erde eine herausragende Stellung unter den Bäumen einnehmen und als Verbindung von altem und neuem Wissen für die Zukunft der Neuen Erde wichtig sind.

Gehörnte Devas

Viele Devas verfügen über Attribute wie Hörner oder Geweihe. Diese sind nicht mit dunklen oder negativen Energien gleichzusetzen, sondern stellen meist eine symbolische Verbindung zum Himmel und den kosmischen Sphären dar, um Wissen und Weisheit von dort herunter auf die Erde zu bringen. Wir Menschen haben unsere Antennen für die göttlichen Energien inzwischen weitestgehend verloren.

Die gehörnten Baumwesen übernehmen eine besondere Rolle als Bindeglied zwischen Erde und Himmel.

An dieser Stelle möchte ich auch kurz auf die gehörnten Wesen und Gottheiten der ägyptischen Kultur, wie z. B. Thoth, Isis und Hathor oder an den keltischen Hirschgott Cernunnos, verweisen.

Den Schattenbereich auf diesem Bild bewohnen Wächter, die eine Lichtgrotte beschützen, die sich über ihnen öffnet. Die Hörner des großen Wesens ragen in die Lichtgrotte hinein und verschmelzen damit. Dies zeigt, daß die Wesen, die als Schattendevas erscheinen, ebenfalls mit den Lichtwelten und dem Urlicht verbunden sind. Gleichzeitig wird die Verschmelzung von Himmel und Erde deutlich. Die Erdwesen zeigen hier, daß sie mit den höheren Lichtwelten im Kontakt stehen und sich von diesen nähren.

Die Äste des Baumes, die gleichzeitig die Hörner dieses Baumwesens bilden, können als mächtige Kanäle betrachtet werden, die nach oben ausgestreckt die Verbindung zum Himmel darstellen. Das Wesen strahlt die stille Heiligkeit dieser Verbundenheit aus.

*Gehörnter Wächter
über einem Baumtor
in einem Park mit
vielen Hirschen.*

*Baumwesen mit gebogenen Hörnern, die in
zwei Richtungen weisen: nach oben und
nach unten zur Verbindung von Himmel
und Erde.*

*Sterbender Baum, der über seine Hörner
und die Pyramide über seinem Kopf bereits
Kontakt mit den lichteren Reichen aufgenommen hat, in die er gehen wird.*

Erdenhüter-Devas und die Devas der Erdverbundenheit

Als **Erdenhüter** möchte ich diejenigen Devas bezeichnen, die ich als sehr erd-verbunden wahrnehme. Es scheint so, als würde ein Teil von ihnen in der Erde stecken und als wären sie über eine unsichtbare Verbindung tief in der Erde verwurzelt. Sie scheinen eins mit dem Herzen und dem Pulsschlag der Erde zu sein und verströmen höchste Gelassenheit und Frieden.

Sie tragen die Mysterien und die Wissensschätze der Erde in sich, die sie seit langer Zeit sammeln. Sie sind mit dem Gedächtnis der Erde verbunden und Hüter der Zeitchronik der Erde. Ihre Energieausstrahlung ist sehr friedvoll, geerdet, und sie ruhen in sich selbst. Manchmal scheinen sie zu schlafen, das kommt einem aber nur so vor, denn sie sind innerlich wach und rege. Diese lange Zeit schlummernde Weisheit der Erde oder des jeweiligen Platzes gilt es wieder zu erwecken. Über sie können wir wieder lernen, die Bedürfnisse der Erde zu vernehmen.

Dieser in sich selbst ruhende Erdenhüterstein befindet sich an einem druidischen Kraftplatz, der ebenfalls eine große Verbundenheit zum Erdinneren besitzt. Der Erdenhüter steckt tief in der Erde und sein Blick ist nach unten gerichtet; durch seine Achse verläuft eine Art Lichtkanal, auf dem sich unzählige kleinere männliche und weibliche Devas manifestieren.

Erdverbundene Devas in einem Hügel am Fuße eines Baumes

Deva der Erdchronik

Botschaft:

»Ich bin tief verwurzelt und versunken in Mutter Erde. Ich bin verbunden mit ihrem innersten Kern und dem Gedächtnis der Erde. Viele Dinge sind im Vergehen der Zeitalter geschehen. Manche haben Wunden und Verletzungen in der Erdseele verursacht und wurden durch Menschen geschaffen. Nun ist die Zeit des Ausgleichs und der Reinigung gekommen. Auch du kannst dazu beitragen, wenn du bereit bist. Verbinde dich mit dem Gedächtnis der Erde und spüre Ereignisse und Geschehnisse auf, die das Energiefeld der Erde belasten. Reinige und kläre diese Energien auf dein eigene Weise.«

Über die **Devas der Erdverbundenheit** können wir uns direkt mit dem Innern der Erde verbinden. Sie zeigen sich ähnlich wie die gehörnten Devas mit geweihähnlichem Kopfschmuck, der jedoch nicht nach oben zu den Himmelssphären weist, sondern sich nach unten in die Erde hineinsenkt. Die Devas der Erdverbundenheit bringen Licht ins Innere und zum Herzen der Erde.

Über sie können wir uns verbinden, wenn wir selbst dazu beitragen wollen, der Erde Kraft und Licht zur Unterstützung schenken möchten.

Ich empfinde die Devas der Erdverbundenheit als sehr erhabene, alte und warmherzige Wesen, die seit unendlichen Zeiten große und bedingungslose Dienste verrichten und oft die Wurzeln sehr alter Bäume bewohnen. Über sie können wir auch unsere eigenen Wurzeln wiederfinden, uns erden und uns mit Mutter Erde rückverbinden.

Dieses Baumwesen zeigt sich als sehr alter, scheinbar stiller und in sich ruhender Betrachter mit einer tiefen Verbindung zum Innern der Erde. Sein Geweih ist, genauso wie seine Hände, wurzelförmig ausgebildet. Er waltet dort unberührt seit Jahrhunderten, sieht die Geschehnisse vorbeiziehen und tut seinen Dienst, in dem er über den Lichtkanal, mit dem er oben verbunden ist, diese Energie nach unten ins Innere der Erde leitet.

Göttinnen-Deva

An einem Marienerscheinungsort in Franken zeigte sich als Negativform im scheinbar leeren Raum eine Göttinnen-Deva, die die Arme zum Himmel hebt und über ihr Kronenchakra die vereinigten weiblichen und männlichen Energien empfängt. Ihre Kopfform erinnert an eine Pharaonin, der Unterkörper hat die Form eines empfangenden Kelches.

Die göttlich-weibliche Urenergie und die Devas der weiblichen Kraft

Zu Beginn meiner Arbeit vor über drei Jahren zeigten sich mir Devas, bei denen ich ein Ungleichgewicht zwischen männlicher und weiblicher Gestalt empfand. Die männlichen Devas waren zu diesem Zeitpunkt noch in der Überzahl. Während der letzten beiden Jahre fiel mir jedoch ein Wandlungsprozeß unter den Devas auf, und ich entdeckte mehr und mehr weibliche Wesen.

Vor allem während der letzten Monate der Entstehung dieses Buches, im Frühjahr und Sommer 2009, empfand ich eine starke Gegenwart der weiblichen Urkraft, die sich in den Bildern mit den weiblichen Devas ausdrückte. Die Präsenz dieser Devas, die ich als Göttinnen-Devas bezeichnen möchte, wird in den nächsten Jahren noch zunehmen, wenn die polaren Energien ins Gleichgewicht kommen. Sie zeigen sich in menschenähnlicher Gestalt, oft sogar als gehörnte, weise Wesen und verströmen eine enorme weibliche Energie, da sie mit der weiblichen Urkraft verbunden sind – der Energie der großen kosmischen Mutter, von der alles Leben stammt.

Gebärende weibliche Deva

59

Die gebärende weibliche Kraft nährt unsere Schöpferkraft und verleiht ihr Ausdruck. Ohne sie kann kein neues Leben, kein neuer Gedanke, keine geistige Idee und keine Kreativität stattfinden. Alle Lebensströme werden auf verschiedensten Ebenen über diese weibliche Kraft weitergetragen.

Einer der Aspekte der weiblichen Kraft ist die Fähigkeit des Gebärens, d. h. auf allen Ebenen Leben zu schenken.

Die Fähigkeit des Gebärens anzuerkennen und Geburtsvorgänge sowohl auf geistiger als auch auf irdischer und körperlicher Ebene respektvoll und in ihrer Gesamtheit zu würdigen und dieser heiligen Urkraft in uns immer wieder neuen Raum zu geben, ist gleichwohl für Frauen *und* Männer von enormer Wichtigkeit.

Auf diesem Bild erscheint der Leib einer Göttin, der sich wie bei Schwangerschaft und Geburt öffnet und in sich ein männliches Wesen offenbart. Der vollbusige Körper der Göttin ist von außen und innen in Licht getaucht. Das Spiel von Licht und Schatten kann symbolisch als Polarität der weiblichen und männlichen Energien betrachtet werden oder auf kosmischer Ebene für die Geburt der verdichteten Materie durch die lichte Kraft des Geistes.

Die Drachenwesen stellen eine unmittelbare Verbindung zur weiblichen Urkraft von Mutter Erde dar und wirken mit ihren enormen Kräften bei allen Geburtsvorgängen der Erde mit. Sie sind die Hüter des inneren Feuers der Schöpfung und wirken mit den Devas zusammen. Im folgenden Bild (Deva der Weiblichkeit) wird deutlich, wie sich die verschiedenen Naturreiche ergänzen, durchdringen und gegenseitig unterstützen. Die Drachen offenbaren sich hier als sanfte Lichtwesen mit der Leuchtkraft des inneren Feuers und klären somit das Bild vom furchterregenden, feuerspeienden Drachen, das wir oft in uns tragen.

In der Geomantie sind diese Kräfte als Drachenlinien der Erde bekannt, auf denen sich die Lebenskraft verdichtet und viele Pilgerwege entstanden sind.

Deva der Weiblichkeit mit begleitenden Drachen-(Licht)-Wesen
Die dreifältige Erscheinung der weiblichen Deva ist vergleichbar mit der Göttin Ceridwen (der weiblichen Urenergie) als Sinnbild für die drei Aspekte der Schöpfung (Geburt – Werden – Tod und Wiedergeburt) durch drei Farberscheinungen: Der weiße Lichtleib der Deva (Geburt) besitzt rote Haare und Körperumrisse (Aspekt des Werdens) und trägt in sich die Maske des Todes und der Wiedergeburt auf schwarzem Hintergrund, eingebettet in die Form des Lebenssamens. Die Göttin erscheint in einem dunklen Kanal und ist aus der Erde emporgestiegen. Im Kreislauf des Lebens erschafft sie neues Leben, nährt es und nimmt es, um es wieder neu zu gebären. Die Drachenkräfte der Mutter Erde sind ihre unmittelbaren Begleiter, die den Kreislauf des Lebens energetisch nähren.

Devas und Omphalos als Lichtempfänger und Lichtsender

Verschiedene Felsen und Steine haben sich mir als sogenannte *Omphaloi* offenbart. Die Devas haben bereits in meinem ersten Buch »Die Rückkehr der Naturdevas« auf die große Bedeutsamkeit unscheinbar wirkender Steine hingewiesen. Viele von diesen Felsensteinen sind von Devas erfüllte *Omphaloi* – heilige Steine, die als Anker und Speicher von Wissen und Licht fungieren. Sie können sowohl Licht empfangen als auch senden. Dieses Licht besitzt eine hochkonzentrierte Reinheit. Wird es nach oben übermittelt, macht es für mich den Eindruck, als würde dieses Licht zurück zur Quelle geschickt, um das Urlicht zu nähren.

Hier findet ein Lichtaustausch nach oben statt. Die als Schattendevas erscheinenden Wesen senden konzentrierte Lichtgeometrien aus.

Auf diesem Bild ist deutlich ein Licht- und Energieaustausch erkennbar. Ein Omphalos empfängt über einen Lichtkanal an seiner Spitze hochkonzentriertes Licht, das sogar die gesamte Umgebung des Steines erhellt. Der Stein wird von unzähligen Devas beseelt. Der Lichtkanal birgt viele strahlende Wesen in einer Aura von Licht.

Das Netz der Energieströme – die Verbundenheit von allem, was ist

Immer wieder zeigen uns die Naturdevas in ihren unzähligen Erscheinungs-formen ganz deutlich die Verbundenheit und Vernetzung allen Seins. Alle Reiche sind feinstofflich über Energienetze und –gitter verbunden. Nichts kann abgetrennt bestehen und alles ist stets eingebunden in die Ganzheit. Die Devas wollen unser Bewußtsein dafür schärfen, daß alles, was wir energetisch erschaffen Konsequenzen hat – positiv und negativ. Was wir säen, werden wir ernten. Die Energiemuster, die wir über Generationen hinweg achtlos übernommen haben und die uns längst nichts mehr nützen, müssen hinterfragt und verwandelt werden; jeder ist selbst dazu aufgefordert, auf seinem persönlichen Weg an dieser Transformation mitzuwirken. Die Menschen haben jahrtausendelang immer wieder unbedacht neue negative Energiemuster geschaffen, weitergetragen und die kosmischen Gesetze mißachtet, wodurch große Ungleichgewichte in den Energienetzen entstanden sind. Durch das Ausleben der Polaritäten sind außerdem Verschiebungen innerhalb der Energiemuster entstanden, die wieder ausbalanciert und in Einklang gebracht werden müssen.

Sowohl über die Kraftlinien der Erde, die in uns Menschen spiegelbildlich als sogenannte *Nadis* (feine Energieleitbahnen und Meridiane, die Lebensenergie transportieren) angelegt sind, als auch über die Erdchakren, die sich auch in unseren Körperchakren widerspiegeln, sind wir untrennbar mit dem Planeten Erde verbunden und befinden uns im energetischen Austausch. Deshalb dürfen wir uns nicht nur für unser eigenes Energiefeld zuständig fühlen. Unsere Wandlung ist zugleich die Wandlung der Erde. Die Devas als Weber und Hüter der Energiegitternetze weben zusammen mit den Elementarwesen unablässig Lebens- und Lichtenergie in die Schöpfungsvorgänge hinein, doch für die vom Menschen geschaffenen Energieformen sind wir selbst verantwortlich. Die Devas zeigen uns nur, wie wir es richtig machen können – in Ausgewogenheit, Harmonie, ganzheitlich und mit klarem, reinem Bewußtsein.

Botschaft der Devas zum Netz der Energieströme:

»Mein Sein zeigt euch über die Sprache der Bäume und Schneekristalle, die alle Licht- und Energieträger sind, ein Bild der Energieströme des blauen Planeten Erde. Sie formieren sich, wie ihr seht, zu geometrischen Mandalas, die sich unendlich in wiederholenden Formen auf verschiedenen Ebenen fortsetzen. Sie bewegen sich und formieren sich ständig neu im Wandel und im Fluß der Veränderung. Sie schwingen in Schleifen der Unendlichkeit und sind auf unzähligen Raumebenen und Dimensionen miteinander vernetzt. Die Energieströme transportieren kristallines Licht und Lebenskraft. Ihre Bewegung ist beständig, denn Stillstand würde die Vernichtung des Planeten bedeuten. Die Energieströme sind Lichtnetze, die euch und alles Leben mit der Lebenskraft der Erde verbinden. Die Symmetrie und Geometrie sind Grundlagen für das Ausbalancieren und den Einklang der verschiedenen Lebensströme, die ins Gleichgewicht gebracht werden müssen.

Durch Handlungen, Worte und Gedanken erfahren diese Symmetrien eine Verformung oder schlimmstenfalls eine gegenseitige Auslöschung. Haupt- und Nebenströme existieren gleichwertig nebeneinander und sind vergleichbar mit dem Nerven- und Meridiansystem des menschlichen Körpers. Devas und Menschen sind dafür verantwortlich, diese Energieströme auf allen Ebenen rein zu halten, zu stärken und auszubalancieren.«

Elementarwesen als Begleiter der Devas

Das Reich der Naturwesen besteht aus unterschiedlichen Ebenen, die alle von Elementarwesen in verschiedenen Entwicklungsstufen bewohnt werden. Die Devas stellen eine Form von höherentwickelten Elementarwesen dar und sind verantwortlich für Prozesse von der atomaren bis zur planetaren Ebene. Sie können sowohl klein als auch riesengroß sein. Als Begleitung von Devas erscheinen oft Elementarwesen. So zeigen sich bei großen Deva-Wesen, die meist den mittleren und oberen Bereich eines Bildes einnehmen, häufig Elementarwesen des Elementes Erde im Bereich von Baumwurzeln oder in Bodennähe. Die Erdwesen treten als Gnome oder Zwerge in Erscheinung. Die Wesen des Luftelementes sehen wir als Elfen. Sie sind an ihrer Ausstrahlung von Leichtigkeit und Heiterkeit zu erkennen und zumeist lächelnde und frohe Wesen.

Dieses zwergenhafte Wesen zeigt sich an den Wurzeln eines alten Baumes knapp über dem Erdboden.

Lächelndes Erdwesen

Blumendeva in einer Blüte, eine kleine Elfe schwebt darüber in der Luft

Ein sanft lächelndes Wasserwesen mit ausgebreiteten Armen in Blau und Orange im fließenden Wasser auf einem moosbewachsenen Stein in einem Bach

Die Symbolsprache der Naturdevas

Das Herz

Die Devas zeigen sich an natürlichen Kraftorten, wo eine Verbindung zum Innern der Erde und zum Herzen der Erde spürbar ist, in eindeutig herzförmigen Erscheinungen. Die Energien des Herzchakras der Erde können an unzähligen Orten auf der Erdoberfläche entdeckt und erspürt werden. Neben dieser starken energetischen Verbindung weisen uns die Devas aber auch unmißverständlich darauf hin, daß wir unsere Kommunikation mit dem Herzen der Erde wiedererwecken müssen. Die Verfeinerung unserer eigenen Herzenergie und die Verbindung zum Herzen der Erde gilt es für uns zu meistern.

Die Herzdevas erscheinen häufig etwas betrübt, in sich gekehrt und manchmal schlafend. Meiner Meinung nach spiegelt dies den derzeitigen Zustand des kollektiven menschlichen Bewußtseins wider. Noch sind wir lange nicht an dem Punkt, wieder eins mit dem Herzen der Erde zu sein. Die Herzdevas wirken jedoch auf den Bildern durch ihre bedingungslose Art, Liebe zu spenden und auszustrahlen.

Auch an von Menschenhand geschaffenen Plätzen und Orten können Herzdevas erscheinen, wenn dort die Präsenz der bedingungslosen Liebe verankert ist. Dies ist für mich ein Zeichen, das wir auch selbst Herzwesen erschaffen können.

Das noch nicht vollständig geborene Herz der Neuen Erde

Dieses Bild ist an einem Kraftplatz entstanden, an dem eine unmittelbare Verbindung zum Herzen der Erde spürbar und über die geometrische Formensprache der Devas eindeutig sichtbar wird.

Hier steckt ein herzförmiges Wesen in einer Kugel, die wiederum teilweise unter der Erdoberfläche verborgen zu sein scheint. Die Kugel kann als Symbol für unseren Planeten verstanden werden, aus dem das Herz der Erde hervorkommt. Dieses mächtige Herz ist ein Hinweis darauf, welches Ausmaß es haben kann, wenn wir Menschen dazu übergehen, uns und die Erde zu verändern. Das Herzwesen erscheint noch im »Werden« – es ist noch dabei, geboren zu werden.

Der Felsen hinter dem Herzwesen ist ein nach unten weisendes großes Dreieck (der weibliche, empfangende Teil des Kelches/Grals). In seiner Mitte zeigt sich auf der Felsoberfläche ein zweites kleineres Herzsymbol.

Die Kuppelform des Taj Mahals in Agra mit darüberliegendem goldenen Herz in einem Baum in der unmittelbaren Umgebung des Grabmals.

Herzwesen in einem Baum im Park des Taj Mahal

Herzwesen in der heiligen Form der Fischblase im Park des Taj Mahal

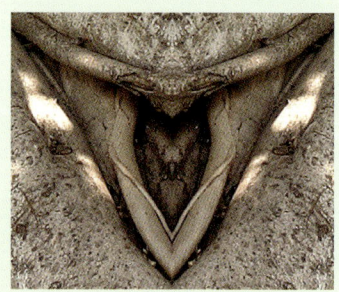

Diese Bilder sind in unmittelbarer Nähe des Taj Mahal in Indien entstanden, das der Großmogul Shah Jahan als Huldigung an seine Lieblingsfrau Mumtaz Mahal erbauen ließ. Als Symbol der bedingungslosen Liebe und der ausgeglichenen weiblichen und männlichen Energien übernimmt es als Bauwerk eine wichtige Rolle für die neue Zeit. Herabströmende kosmische Energien werden dort über die sich nach unten verjüngende Kuppelform herunter ins innere Zentrum geleitet, in dem sich das Grabmahl der Mumtaz Mahal befindet. Die Liebesenergien dieses kosmischen Paares sind im Innern des Taj Mahal deutlich zu spüren. Dieses durch Menschenhand geschaffene Bauwerk ist ein bedeutsamer, aufgeladener Kraftplatz und trägt zur Öffnung der Herzenergien der Menschen bei. Die Bäume in der Umgebung des Taj Mahal spiegeln die Gegenwart der bedingungslosen Liebe in unzähligen Herzformen und Herzwesen wider, auch die geschwungene Kuppelform des Taj Mahal ist in den Bäumen wiederzuerkennen.

Die Pyramide

An besonderen Kraftplätzen, an denen die Energien von Himmel und Erde ineinander übergehen, wird als Symbol eine Einfach- oder Doppelpyramide sichtbar. Viele Devas demonstrieren regelrecht die energetische Funktion und die Benutzung der Pyramidenform, indem sie sich im Innern von Pyramiden zeigen, deren Spitzen meist an Licht- und Energiekanäle angeschlossen sind. Die Devas haben bereits in meinem Buch »Die Rückkehr der Naturdevas« auf die Kraft der Pyramide und deren energetischen Gebrauch als Lichtsender oder Lichtempfänger hingewiesen.

Diese Deva verbindet durch ihre Erscheinungsform das Reich der Tiere mit dem Reich der Menschen und balanciert das derzeitige Ungleichgewicht. In der Spitze der Pyramide thront eine kleine Eule für Weisheit und Erkenntnis, die uns Menschen aus der Tierwelt erreicht.

Der Kelch und die Gralsdevas

Die Gralsdevas sind weibliche und männliche Wesen, die den Kelch über ihrem Kronenchakra tragen. Sie zeigen uns deutlich, daß der Ursprung des Kelches in der Natur verankert ist und lehren uns die Selbstermächtigung, um über diesen Kelch das Göttliche zu empfangen. Aus der Fülle der Natur können wir schöpfen und werden versorgt. Durch sie können wir das Göttliche in uns und allen anderen wiedererkennen.

Der Kelch gilt von jeher als Symbol für das Gleichgewicht von Empfangen und Geben, den ausgewogenen Fluß der Energien. Die obere, empfangende Schale stellt den weiblichen Gegenpol zum unteren, gebenden und männlichen Fuß dar. Schale und Fuß müssen gleichermaßen ausgeprägt sein, um Vollkommenheit zu erreichen. Der sogenannte Gralsweg, den jeder Mensch zu meistern hat, umfaßt unsere gesamte spirituelle Entwicklung bis zur eigenen Meisterschaft. Dieser vollkommene Gral kann nur in uns selbst gefunden werden. Der heilige Gral als Wunder wirkende Reliquie mit geheimnisvollen Kräften ist nur

eine Legende, die durch Macht- und Besitzdenken von den Menschen geschaffen wurde. Die Form des Kelches oder Grals findet man ebenfalls in der Heiligen Geometrie, die sich in der Doppelpyramide und dem Sechsstern in ihren verschiedenen Dimensionen widerspiegelt.

Vor allem die weiblichen Gralsdevas besitzen Kelche, bei denen die Schale größer ist als der Fuß, was uns zeigt, daß wir Menschen als erstes wieder lernen müssen, das Göttliche durch uns selbst zu empfangen, bevor wir in Ausgewogenheit geben *und* nehmen können. Allzu oft haben wir vergessen, der Erde etwas zurückzugeben, für das, was wir von ihr genommen haben.

Die Botschaft der Gralsdeva:
»Seht den Kelch des Empfangens und des Verströmens, der über mein Kronenchakra mit mir verbunden ist. Er ist das Gefäß der unendlichen Fülle und birgt die konzentrierte Essenz des Lichts in sich. Das Ausmaß des Empfangens und das Ausmaß des Verströmens aller Lichtschätze eures Kelches machen euch zum göttlichen Kanal. Ist euer *Viertes Auge* im Kronenchakra erwacht, so könnt ihr die Fülle des Universums und des Lichts in allem, was ist, erkennen.

Eure Aufgabe ist es, alles Empfangene in Reinheit und Wahrheit und in unverfälschter Qualität zu verströmen. Dies ist keine einfache Aufgabe – ich weiß –, denn das erfordert das vollkommene Verstehen der Hingabe und des Dienens. Der Fuß deines Kelches ist fest verwurzelt auf irdischer Ebene. Prüfe die Größe deines Fußes, ob er das gleiche Ausmaß wie dein Gefäß besitzt, denn dies ist das Zeichen des vollkommenen Grals.

Dieser heilige Gral ist verbunden mit der Quelle der Schöpfung. Die Fülle und das Licht, das dein Kelch empfängt, wird über unzählige Energie-Ebenen und die Devas, die diese Ebenen bewohnen, bis auf deine persönliche Schwingungsebene und deine ureigene Lichtfrequenz transportiert und gewandelt.

Das irdische Bild des Grals existiert nur in deiner Vorstellung. Vor dieses Bild stelle nun dich selbst und spüre, daß du ein Gefäß des Göttlichen bist. Dein Kronenchakra ist die Eintrittspforte für das göttliche Licht und die Fülle des Universums, die du durch deinen Geist und Körper empfängst. Weite dein Sein und öffne deinen heiligen Gral in beide Richtungen. Du bist der vollkommene heilige Gral, wenn die Energien in Reinheit durch dich hindurchfließen können.

Körper und Energiefeld der Menschen werden von der Gralsenergie durchflutet. In deinem Herzchakra ist die Verschmelzung – die Alchimie – dieser Energien möglich.«

Männliche Gralsdeva mit einem ausgewogenen Kelch über dem Kronenchakra. In der Schale des Kelches befindet sich ein rundes, weißes Gebilde, das uns an eine Hostie erinnert und im übertragenen Sinne für das Göttliche (Licht) steht, das wir empfangen. Darüber sind zwei geflügelte Lichtwesen zu sehen, die weißen Tauben ähneln und sinnbildlich für Gott (oben) und Göttin (unten) stehen, die alles Leben hervorbringen.

Weibliche Gralsdeva mit dem Kelch des Empfangens

Der Davidstern oder Sechsstern

Die Naturdevas sind Hüter heiliger Geometrien der Schöpfung. Eine dieser Formen ist der Davidstern bzw. Sechsstern, bestehend aus zwei sich überlagernden Dreiecken, der auf verschiedene Weise gedeutet werden kann. Zum einen ist er Sinnbild für die Verschmelzung himmlischer und irdischer bzw. männlicher und weiblicher Energien und somit die weiterentwickelte Form des Kelches. Durch die Annäherung der beiden Dreiecke haben sich die Polaritäten des Kelches von oben/weiblich und unten/männlich in der Form des Sechssterns umgekehrt, was zu einer gegenseitigen Durchdringung führt.

Die Naturdevas zeigen uns auch bei diesem Symbol, genauso wie beim Kelch, die ursprüngliche Verankerung in der Natur und die Reinheit dieses neutralen und zugleich sehr kraftvollen Symbols.

So wird eine weitere Deutung interessant, die im Zusammenhang mit Schöpfungsgeschichte steht: Die sechs kleinen, äußeren Dreiecke des Sterns stehen dabei für die sechs Tage der Schöpfung; das Sechseck in der Mitte für den siebten Schöpfungstag, dem Tag der Ruhe.

Darüber hinaus werden die beiden Dreiecke des Sechssterns auch als symbolische Darstellung für die Beziehung zwischen Gott (nach oben weisendes Dreieck) und Mensch (nach unten weisendes Dreieck) angesehen. Er gilt auch als »Siegel der Vollkommenheit«.

Hier zeigt sich der Sechsstern in der Bogenspitze eines Dimensionstores und wird von einem Torhüter gehalten. Ein Platz, an dem die Verschmelzung irdischer und himmlischer Welten erfahren werden kann.

Das allsehende Auge

Das allsehende Auge deutet symbolisch nicht nur auf das allsehende Auge Gottes hin, das alle Taten, Gedanken und Worte in ihrer energetischen Erscheinungsweise sehen und erfassen kann.

Hier wird auch auf die Fähigkeit des »inneren Sehens« hingewiesen, die über das Dritte Auge entwickelt werden kann. Ähnlich wie wir den Gral in uns selbst suchen müssen, sollen wir auch wieder lernen, in uns hineinzuschauen; denn in uns selbst liegen die Geheimnisse der Schöpfung, alles Wissen und alle Antworten verborgen.

Die Naturdevas zeigen uns sehr häufig ihr ausgeprägtes Stirnchakra, das sich ganz klar als Drittes Auge auf ihrer Stirn manifestiert. Darüber hinaus besitzen einige von ihnen - vor allem die Devas von Shambhalla, die im 2. Teil des Buches beschrieben werden - ein sogenanntes *Viertes Auge*, das sich im Kronenchakra befindet. Wie es bereits in der Botschaft der Gralsdeva angedeutet wurde, ermöglicht dieses zusätzliche Auge, die Fülle des Universums und höhere Dimensionen zu sehen.

Der Samen des Lebens

In der Heiligen Geometrie der Schöpfung entsteht die sogenannte *Vesica Piscis*, die Fischblase, durch die Überschneidung zweier Kreise. Symbolisch ist sie der Samen des Lebens, wie er in der Geometrie der Blume des Lebens, dem Muster der Schöpfung zu finden ist. Die Fischblase ist ein heiliges Symbol des Ursprungs der Schöpfung und der Verschmelzung von Dimensionen. Die Devas zeigen sich oft eingebettet und umgeben von dieser heiligen Form. Manchmal offenbaren sich auch Tore in dieser Formensprache.

Das Samenkorn des Lebens ist für uns wichtig, da es in Verbindung mit dem steht, was wir säen und ernten werden. Die Bewußtheit, was mit diesem heiligen Samen zusammenhängt, offenbart der König des Samens des Lebens im 2. Teil des Buches. Der Lebenssamen ist neben dem Kreis eine der Ursprungs-geometrien und enthält die Einheit und die Teilung aller Lebensströme.

Im Exotenwald südlich von Weinheim, Baden-Württemberg, spiegelt sich der Samen des Lebens wider, der durch Christian Freiherr von Berckheim, den Begründer des Waldes, im 19. Jahrhundert mit geistiger Voraussicht in unzählige Baumarten aus der ganzen Welt gesetzt wurde. Diese Samen sind nun nach vielen Jahren des Säens, der Hege und Pflege aufgegangen und zeigen sich überall in mächtigen und besonderen Baumwesen im Wald. Durch die Vielzahl der Bäume aus der ganzen Welt, vereint an diesem Ort, wurde eine globale Vernetzung zur Heimat dieser Bäume geschaffen.

Teil 2

Das Reich der Devas von Shambhalla

Shambhalla – der Ort der Vollkommenheit in uns

Der Mythos Shambhalla läßt sich sowohl aus esoterischer als auch buddhistischer Sicht von verschiedenen Seiten beleuchten. Die Quintessenz der Wahrheit liegt wohl in einer Verschmelzung beider Sichtweisen: dem mittleren Weg – der Weisheit Buddhas.

Wahr ist, daß dieser magische Ort – der im Feinstofflichen und vielleicht auch im Irdischen existiert – eine spiegelbildliche Entsprechung in uns Menschen hat. Dieser heilige Ort ist nichts anderes als ein Sinnbild für den heiligen und spirituellen Ort, den wir Menschen suchen und wiederfinden müssen. Dieser heilige Ort liegt in uns selbst verborgen und besitzt die höchste Vollkommenheit, Frieden, Reinheit, Harmonie und Schönheit. Shambhalla ist der Ort des Ursprungs, der absoluten Einheit – ein Heimatland –, aus dem wir alle stammen und in dem die Lebensenergie auf geistiger, körperlicher und seelischer Ebene im Einklang mit allem frei fließt.

Shambhalla aus buddhistischer Sicht*

Im Buddhismus wird Shambhalla als ein altertümliches, legendäres Königreich in Asien definiert, dessen Bewohner den Grad der Erleuchtung besaßen. Ob dieser Ort nur Legende ist oder wirklich existiert, ist bis heute ungeklärt. Der tibetische Buddhismus sieht Shambhalla nicht als einen äußeren Platz in der Welt an, sondern als den Urgrund oder die Wachheit, die potentiell in jedem Menschen vorhanden ist.

Die heutigen Shambhalla-Belehrungen des Buddhismus gründen auf den Lehren des Buddhas und zeigen einen Pfad, wie sich Spiritualität und das alltägliche Leben miteinander verbinden lassen. »Man verläßt die Welt nicht, sondern arbeitet in und mit ihr und sich selbst.«*

Die tibetisch-buddhistische Shambhala-Tradition lehrt Selbsterkenntnis durch den Blick nach innen, das Mitgefühl und die Verbundenheit zu allen anderen Menschen.

Für uns ist es wichtig, zu einer erleuchteten Gesellschaft zurückzufinden und das Gleichgewicht zwischen Spiritualität und alltäglichem Leben, die Verbindung von Herz und Verstand wiederherzustellen und wieder zu integrieren. Diesen paradiesischen Urzustand, diesen Ort der Vollkommenheit und des Friedens trugen wir alle bereits einmal in uns.

* Quelle: www.shambhala-europe.org

Shambhalla aus esoterischer Sicht*

Aus esoterischer Sicht wird Shambhalla als Lichtbrennpunkt und heiliger Ort beschrieben, der ursprünglich auf irdischer Ebene erbaut wurde und inzwischen in feinstoffliche, höherschwingende Dimensionen übergewechselt ist. Shambhalla wird als goldene Stadt, als Stadt des Lichts und als Sitz der geistigen Hierarchie unseres Planeten beschrieben, von der aus aufgestiegene und erleuchtete Wesen zusammenwirken.

An diesem geweihten Platz über der Wüste Gobi ist die dreifältige Flamme verankert, die von dort ausstrahlt und deren Licht auch wir Menschen im Herzen tragen. Die dreifältige Flamme Shambhallas ist das unerschöpfliche Lebenselixier für unseren Planeten, aus dem alles Leben der Erde gespeist wird. Die Flamme Shambhallas läßt geistiges Feuer in jedem Lebensstrom der Erde einfließen. Zur jährlichen Lichternte versammeln sich die irdischen Lichtarbeiter, die Engel und das Naturreich, um mit ihren gesammelten Lichtschätzen die dreifältige Flamme zu nähren und zu vergrößern.

Shambhalla wurde zu einem Zeitpunkt auf der Erde manifestiert, als diese auf planetarischer Ebene vor ihrer Auflösung stand, da keine Harmonie und kein Licht mehr von ihr ausgingen. Wesen der Venus erschufen über Jahrtausende diesen heiligen Ort zur Wandlung der Lebensströme auf der Erde bis zur Ankunft des ersten Herrschers Sanat Kumara – dem Herrn der Welt –, der damit seinen planetarischen Dienst antrat. Dieses große Vorhaben zur Rettung der Erde erhielt Beistand von Gesandten des Lichts und Boten anderer Sterne und Planeten. »Schließlich wurden neuntausend Wesen ausgewählt, wovon dreitausend menschliche Verkörperungen annehmen, dreitausend im Naturreich bzw. im Reich der Devas dienen sollten, und dreitausend Engel.«**

Der gegenwärtige Herrscher von Shambhalla ist Buddha Gautama, der in seiner irdischen Inkarnation den mittleren Weg lehrte und das Amt des Herrn der Welt übernahm, als Sanat Kumara die Erde verließ.

Shambhalla wird auch als Ort bezeichnet, der die Schwingung der Einheit hält und ausstrahlt. Es war ursprünglich der erste Ort auf der Erde, der diese Funktion hatte. Von hier aus gründeten sich zu späterer Zeit viele weitere Orte, an denen das Bewußtsein der Einheit gelebt wurde. Shambhalla ist ein energetisches, reines und unveränderliches Zentrum des Planeten Erde und des Menschen.

* *Shamballa*. Die Brücke zur Freiheit e.V., Berlin 2000   ** ebenda, Seite 19

Die heilige dreifältige Flamme

In den Ästen einer alten Eiche zeigt sich hier symbolisch das Licht der heiligen Flamme, die im Herzen eines jeden Menschen brennt und auch für die dreifältige Flamme Shambhallas steht. In einem heiligen Gefäß in Form einer buddhistischen Stupa, die horizontal in drei Ebenen unterteilt ist, befindet sich auf der unteren Ebene eine Kerze mit brennender gelber Flamme, eingebettet in einen Tabernakel, einem heiligen Gefäß. Die Spitze der Flamme teilt sich in zwei Ströme (zweite Ebene), die sich an der Spitze der Stupa (dritte Ebene) wieder vereinigen und eine neue Flamme hervorbringen, die über die Krone der Stupa hinausragt. Die Stellen, an denen Energien fließen, sind mit goldgelber Farbe deutlich in Szene gesetzt, die übrigen Formelemente der Stupa treten durch das Dunkel der Äste zurück. Symbolisch brennt die heilige Flamme im Innern in unserem allerheiligsten Bereich. Von dort aus muß sie sich über verschiedene Ebenen entwickeln und entfalten, um sich auf höchster Stufe wieder zu vereinigen und aus unserem Kronenchakra über uns hinausstrahlen zu können. Die Wiederholung der Formen in verschiedenen Größenordnungen ist nicht zufällig, sondern weist ganz deutlich darauf hin, daß alles in ein großes Ganzes eingebunden ist und sich auf verschiedenen Raumebenen als kosmische Oktave unendlich wiederholt und ausdehnt.

Die Devas von Shambhalla

Seit einigen Jahren offenbaren sich mir die Devas von Shambhalla an den unterschiedlichsten Plätzen der Erde. Sie sind Devas der höchsten Hierarchien und eine andere Energieform, wenn man sie mit den Erden- und Himmelsdevas vergleicht, die ich im ersten Teil des Buches beschrieben habe.

Sie sind Botschafter Shambhallas, die uns Menschen erst seit einigen Jahren zur Unterstützung geschickt werden. Sie manifestieren sich gerade jetzt, um unseren über lange Zeit unbeachteten spirituellen Körper in seiner Vollkommenheit zu erwecken und zu erleuchten.

Als besondere Botschafter der geistigen, universellen und spirituellen Bereiche repräsentieren sie Geist, Frieden, Weisheit, Liebe, Sanftmut und Einheit. Die Ursprungsenergien, die von ihnen gehütet und bewahrt werden, sollen wieder an uns übergeben werden, sobald wir zu reinen und vollendeten Lichtträgern geworden sind. Die Devas suchen uns, um die Flamme und damit das konzentrierte Licht Shambhallas in jedem von uns zu verankern, über das wir mit allem in Einheit verbunden sind. Die Lichtschwingungen, die das Reich Shambhalla hält, sind so hoch, daß wir Lichtträger brauchen, die ähnlich wie die Devas im Naturreich, dieses Licht in unterschiedliche Frequenzen transformieren, damit sie von den Menschen aufgenommen und gehalten werden können.

Im Gegensatz zu den Erden- und Himmelsdevas, die aktiv an allen Vorgängen beteiligt sind und die man auch als *Devas der Taten* bezeichnen könnte, halten die Devas von Shambhalla in ihrer stillen Präsenz überwiegend bestimmte Schwingungen und Frequenzen und sind *Devas der Seinszustände*.

In unserem Leben müssen wir wieder ein Gleichgewicht zwischen Tun und Sein herstellen. Vor allem den Bezug zum Sein haben wir Menschen weitestgehend verloren und uns überwiegend mit dem Tun befaßt. Seinszustände lassen sich nicht erlernen, sie müssen sich entwickeln, wobei uns die Devas von Shambhalla helfen können.

Sie zeigen uns über ihre verschiedenen Wesensmerkmale das, was es in uns zu entwickeln und zu entfalten gilt. Sie lehren uns, den Blick nach innen zu richten, um, wie Buddha, aus eigener Kraft die Reinheit und Vollkommenheit des Geistes zu entwickeln und somit die grenzenlose Entfaltung unserer Potentiale zu erfahren. Diese Kraft steckt in uns allen – die Devas von Shambhalla weisen uns den Weg dorthin, über das lebendige und spirituelle Bewußtsein der Natur.

Sie sind Lichtträger höchster Frequenz und Hüter von großem Wissen und unendlicher Weisheit. Indem wir in Reinheit unser Herz für sie öffnen, sie betrachten und in sie hineinspüren, können sie uns – nachdem sie uns geprüft haben – mit den höchsten Lichtfrequenzen verbinden. Ihre Ausstrahlung von Weisheit, Reinheit und Klarheit erzeugt in uns eine Resonanz mit unserem eigenen innersten Wissen und unserer ureigenen Weisheit. Sie vermitteln auch tiefsten Frieden und sind Träger und Hüter dieser Schwingung, die sie seit Anbeginn ihres Daseins aufrechterhalten und wahren. Diese Funktion erfüllen sie nicht nur für den Planeten Erde, sondern auch auf kosmischen Ebenen.

Die Devas von Shambhalla sind auch heute allgegenwärtig und offenbaren sich z. B. an besonderen Kraftplätzen in unberührter Natur und an Orten, wo eine tiefe Verbundenheit zum Herzen der Erde spürbar ist. Sie lassen sich aber auch an ganz unscheinbaren Plätzen finden, an denen man sie kaum vermuten würde. Wie der heilige Ort Shambhalla, der tief im Innern des eigenen Seins entdeckt werden soll, können auch die Devas von Shambhalla immer und überall gefunden werden. Sie stehen in Resonanz mit der Schwingungsfrequenz des reinen Herzens.

Ich empfinde es als heiliges Geschenk und als großen Segen, mit ihrer Weisheit und ihrer Energie in Berührung zu kommen und mit ihnen kommunizieren zu dürfen. Alle nachfolgenden Beschreibungen gründen auf meinen persönlichen Wahrnehmungen und Erfahrungen, die ich im Reich der Devas von Shambhalla seit einigen Jahren sammeln durfte.

In zahlreichen Bildern werden diese einzigartigen Wesen für deine Augen sichtbar und offenbaren dir direkte Botschaften.

Die Wesensmerkmale der Devas von Shambhalla

Die von mir bisher gefundenen Devas von Shambhalla besitzen eigene Erkennungsmerkmale und intensive und komplexe Energiewirkungen. Ich versuche im folgenden ihre Wesenzüge zu beschreiben, doch lassen sie sich grundsätzlich nicht in ein Schema oder System einteilen. Sie sind im wesentlichen durch ihre Energieausstrahlung wahrnehmbar, die sehr individuell ist, und hinzu kommt, daß sie sich derzeit ständig wandeln. Die menschliche Wahrnehmung wird immer wieder aufs Neue herausgefordert und geschult. Manche ihrer

Erscheinungen und Ausstrahlungen kann man nicht in Worte fassen, für manche Dinge gibt es schlichtweg keine Entsprechung in unserer Sprache. Die Devas von Shambhalla kommunizieren energetisch über die Ebenen des Herzens, des Fühlens und des Seins.

Sie zeigen sich oftmals als winzige Wesen innerhalb eines großen Bildes. Diese sind jedoch meist besonders in Szene gesetzt und fallen dem Betrachter sofort auf.

Die Devas sind in ihrer Vielfalt an energetischen Ausstrahlungen sehr unterschiedlich, jedoch in ihrer Gesamtheit als »energetisch absolut gleichwertige« Wesen anzusehen.

Sie verkörpern Gleichheit und Ganzheit, so daß die aufgeführten Bezeichnungen der Devas von Shambhalla nicht als Hierarchie oder Bewertung verstanden werden dürfen. Die Devas von Shambhalla, die sich mir bisher gezeigt haben, sind sicherlich nicht alle, die es gibt, so daß ich keinen Anspruch auf Vollständigkeit erhebe. Wie bereits erwähnt, sind alle Devas multidimensional, weshalb eine Einordnung nicht nur in eine einzige Kategorie erfolgen kann, sondern sie auch immer mit den anderen vernetzt sind.

Repräsentanten des Urelementes Äther

Die Devas von Shambhalla sind Repräsentanten des Elementes Äther und lassen uns durch viele ihrer Erscheinungen den reinen und klaren Geist in seiner ursprünglichen Essenz erahnen. Sie umfassen und erfüllen für unser Verständnis unendlich große Räume.

Das Element Äther steht für Licht, Geist und den allumfassenden Raum. Es wird meist als fünftes Element bezeichnet, obwohl es eher als erstes Element gelten sollte, da aus ihm alle anderen Elemente und Ausdruckszustände zur Verwirklichung gebracht werden. Der Äther enthält alles, auch alle Polaritäten. Er ist sozusagen das neutrale Urelement, aus dem alle Elemente geboren werden und zu dem alles wieder zurückkehrt. Die Kraft des Äthers besteht darin, Leben einzuhauchen. Er ist bewegte und bewußte Energie ohne Form.

Dieses formlose Element in seiner Gesamtheit zu verstehen, ist für uns Menschen manchmal schwer. Die Devas von Shambhalla versuchen uns die Wirkungsweise und die vielfältigen Aufgaben dieses Elementes verständlicher und begreifbarer zu machen, da es als Urelement die Einheit von allem in sich trägt.

Die erleuchteten Devas von Shambhalla

Die Devas von Shambhalla sind vollständig erleuchtete und vollkommene Wesen. Ihre Kopfbedeckung und das Kronenchakra erinnern stark an die Formensprache buddhistischer Stupas in glockenähnlicher Form mit Spitze, die einen effektiven geometrischen Körper darstellt, um göttliche Energien über die Spitze zu empfangen, die dann über die Wölbung harmonisch nach unten geleitet und konzentriert ins Innere gelenkt werden kann. Der Energiefluß ist ebenso in die andere Richtung möglich.

Die Stupa ist nach buddhistischer Tradition eine heilige und wichtige geometrische Form mit tiefgründigen und vielschichtigen Bedeutungen, die bis heute noch nicht vollständig ergründet ist. Sie ist in erster Linie ein Sinnbild für die Natur des Geistes und ein Symbol für Erleuchtung und Frieden. In diesen heiligen Stupas residierte der Buddha, versunken in tiefer Meditation.

Die Stupa spiegelt in ihren Einzelformen nicht nur die Verbindung zu den fünf Elementen Erde, Wasser, Feuer, Luft und Äther wider und somit auch die Verbindung zum menschlichen Energiekörper und den Chakren, sondern auch kosmische Zusammenhänge von Sonnen- und Mondenergien und der Lebenskräfte überhaupt. Auch der Lebensbaum ist im Innern der Stupa verborgen und bildet die zentrale Achse, die auch Buddhas innerer Zentralkanal war. Der Lebensbaum wird als Symbol angesehen, über das der Mensch in das große Ganze eingebunden ist. Letztendlich drückt dies das universelle Gesetz aus, daß es nichts innerhalb des Universums gibt, das nicht mit allem verbunden wäre.

Wörtlich übersetzt bedeutet das Sanskritwort *Stupa* »Haarknoten« oder allgemein »der obere Teil des Kopfes«. Viele der Devas von Shambhalla besitzen die Kopfform des erleuchteten Buddhas, aus dessen Kronenchakra die Flamme der Erleuchtung, das Licht des klaren Geistes emporzüngelt. Sie verkörpert jedoch nicht nur die Flamme des eigenen inneren Lichtes, sondern auch die Verbundenheit zur Quelle der reinen Lichtwelten.

Bodhisattva-Deva

Dieses Wesen Shambhallas in Gold- und Brauntönen zeigt uns deutlich die erleuchtete Stupa-Form seines Kopfes mit vielen Details. Das Wesen ist eingebettet in den geschützten Raum einer Stupa, die selbst von einer Fischblasen-Form umgeben ist (Form der Schöpfung). Dieses Bild entstand im Jahr 2008 in einem Baum neben der Stupa von Sarnath in Indien, dem Ort, an dem Buddha seine erste Rede hielt und das Rad der Lehre sich zu drehen begann. In dieser Rede nannte Buddha auch viele der bis dahin aus buddhistischer Sicht bekannten Reiche und Hierarchien der Devas, deren Vertreter anwesend waren, als er zum ersten Mal den achtfachen Pfad lehrte.

Der Buddha in der Mitte deines Seins

Botschaft:

»Tief im Zentrum deines physischen Seins wohnt der kosmische Buddha. Sein Kraftfeld erschafft und erhellt die Mitte deines Seins. Verbunden mit dem Samen des Lebens und der göttlichen Quelle empfängt er für dich Weisheit und Frieden. Über seinen Weg der Mitte, den er für dich und für viele andere vorausgegangen ist, ist er zum Hüter und Wächter deiner kosmischen Achse deines physischen und spirituellen Körpers geworden. Sein Kraftfeld in der Mitte deines Seins verströmt vollkommene Symmetrie, Harmonie und Gleichklang und erschafft tiefen inneren Frieden. Seine Schwingung trägt die Essenz der göttlichen Weisheit und des Verstehens von ALLEM WAS IST. Die Ebene seines Seins ist die Mitte der Unendlichkeit des göttlichen Lichts, dessen Frequenz er im Gleichklang der Symmetrie in alle Richtungen entsendet.

Der weiße, strahlende Buddha in der Mitte deines Seins vereint Licht und Schatten und enthält alle Lichtfrequenzen, die sich dazwischen befinden. Seine Fähigkeit, der mittlere Weg zu SEIN, ermöglicht ihm die Verschmelzung und Aussendung aller Lichtfrequenzen.

Die Mitte deines Seins und deine kosmische Achse sind durch unzählige Lichtgeometrien mit ALLEM WAS IST verbunden. Du bist ein Teil der Schöpfung und trägst den Samen des Lebens in dir, aus dem du selbst entstanden bist. Sei dir bewußt, in welcher Qualität du diese Lichtfrequenzen erschaffst. Der Buddha in der Mitte deines Seins hilft dir, diese Frequenzen in Reinheit und Klarheit, erfüllt mit göttlicher Weisheit, zu entsenden.

Der Buddha in der Mitte deines Seins wohnt in der Stille und Leere eines heiligen Raumes, der darauf wartet, von dir betreten zu werden. Dieser heilige Ort ist Shambhalla – der Ort deiner Vollkommenheit. Dort wirst du Buddha, dem König von Shambhalla, gegenüberstehen. Wenn du soweit gekommen bist, wirst du die goldene Essenz des Buddhas erblicken, in dich aufnehmen können und verstehen. Wenn du ihm in die Augen schaust, wirst du darin die goldene Strahlung der Weisheit, des Friedens und des Gleichgewichts erblicken, die in der unendlichen Tiefe seines Seins wohnt.

Diese ureigene wahre Natur des Buddhas verkörpert einen Teilaspekt der Schöpfung, den der Buddha durch sein Menschsein hier auf der Erde verankerte. Diesen wichtigen Teilaspekt und viele weitere, die uns die Devas von Shambhalla zeigen, gilt es wieder in uns zu vereinen, damit wir unsere eigene Vollkommenheit und Einheit wiedererlangen.«

Zum Bild Seite 90: Dunkle Äste bilden die Konturen eines großen, mächtigen stehenden Hüters mit ausgebreiteten Armen. In seiner vertikalen und horizontalen Körpermitte (dem Nabelchakra) ist der leuchtende weiße Buddha in sitzender Meditationshaltung zu sehen. Der Kopf des Hüters besitzt die Form eines Samens (oder einer Fischblase), dessen Spitze mit der leuchtend hellen Quelle verbunden ist. Hüter und Buddha sind beide in eine pyramidenähnliche Form eingebettet und dadurch geschützt. Der Buddha ist in der Mitte einer großen Schleife der Unendlichkeit geborgen, einer liegenden Acht, die als heilige buddhistische Zahl gilt.

Das erleuchtete Kronenchakra und das klare Licht des Geistes

Über ihr erleuchtetes Kronenchakra zeigen uns die Devas ihre tiefe Verbundenheit zum reinen Urlicht, dem Licht der Einheit, das eine besonders hohe Strahlkraft und Konzentration besitzt. Der Fluß der Lichtenergie geht hierbei in beide Richtungen. Die innere Flamme der Erleuchtung dringt durch das Kronenchakra nach außen. Das Urlicht strömt über das Kronenchakra nach innen. Der Energiefluß der Devas von Shambhalla ist immer im Gleichgewicht, da sie dasselbe reine Urlicht tragen, das in den Herzen und Chakren der Menschen brennt. Es entstammt derselben Quelle.

Devas von Shambhalla mit erleuchtetem Kronenchakra

Die vollkommen entfalteten und erleuchteten Kronenchakren der Devas von Shambhalla bestehen oft aus reinsten Lichtgebilden. Das Kronenchakra ist die Eintrittspforte für göttliche Energie und ermöglicht uns Menschen, die Verbundenheit mit allem, was ist, in Liebe und Mitgefühl zu erfahren. Wenn wir unser Kronenchakra, das Zentrum unserer Buddha-Natur, voll und ganz entfalten, manifestiert sich in uns der Wille, bedingungslos zu lieben und Gutes zu tun. Ähnlich wie bei Buddha, strahlt dieses reine Licht des Kronenchakras in alle Richtungen. Wo dieses grenzenlose, klare Licht erscheint, hat die Vereinigung von Gegensätzen stattgefunden, und die Liebe und das vollkommende Bewußtsein haben zusammengewirkt und Einheit erschaffen.

Bodhi-Deva mit vollkommen erleuchtetem
Haupt in Form einer Stupa

Vom Urlicht durchflutete Devas von Shambhalla
*Sie besitzen die Fähigkeit, das klare Licht des Geistes über die Dunkelheit hinaus aus-
zudehnen, hin zum helleren Urlicht.*

Ein Friedens- und Lichtkrieger Shamhallas
mit erleuchtetem Kronenchakra in Form einer Stupa

Träger des Urlichts

Alle Devas von Shambhalla sind Träger des Urlichts, auch wenn ihre Wesens-merkmale von uns unterschiedlich wahrgenommen werden. Sie drücken sich lediglich in verschiedenen Variationen aus, damit wir Menschen die vielen Ein-zelaspekte des Themas Stück für Stück erfassen können. Diese Urlicht-Devas sind höchste Wesenheiten, die man an ihrer priesterlichen und königlichen Erscheinung, meist in menschenähnlicher Gestalt und oftmals mit Krone oder besonderer Kopfbedeckung, erkennen kann. Sie haben keinen Schatten mehr in sich und sind von höchster Leuchtkraft, so daß sie manchmal nur schemen-haft erkennbar sind.

Das Urlicht ist das reine und konzentrierte Schöpfungslicht, das über unzählige andere Naturdevas und Lichtwesen verteilt und in unterschiedliche Frequenzen gewandelt wird, damit es von den vielen Einzelwesen der Schöp-fung – einschließlich der Ebene der Menschen – in ihrer entsprechenden Form aufgenommen und gehalten werden kann.

Zeigt sich das Urlicht, so zeigt sich auch immer der unmittelbare Gegenpol dazu, die tiefste Dunkelheit, die es auf dem Weg zurück zum reinen Licht der Quelle für alle zu durchschreiten gilt.

**Botschaft des Königs des reinen Urlichts,
des Lichtpriesters von Chartres:**

»An einem heiligen Ort der Erde im Spiel von Licht und Dunkelheit könnt ihr alle Dimensionen des Lichts und die Strahlen des reinen, weißen Urlichts erfahren. Um es mit eurem inneren Auge sehen zu können, müßt ihr die tiefste Dunkelheit durchschreiten und sie wandeln. Schreitet ohne Angst voran und wagt euch hinein in die scheinbare Macht der dunklen Leere und des Nichts. Laßt euch nicht blenden vom Glanz der schwarzen Schatten, die sich euch übermächtig offenbaren werden. Laßt euch nicht abbringen von eurem Weg zum Licht, den ihr auch in der tiefsten Dunkelheit finden werdet. Die Schatten der Angst erfordern euren Mut und euren Willen, euren ureigenen Weg auch in scheinbarer Finsternis zu beschreiten. Die Sprache der Dunkelheit über die Farb- und Formenwelt ist nur eine andere Polarität des Lichts. Schwarz und Weiß sind die polaren Farben der Lichtsprache, die alle Farbfrequenzen umfaßt. Diese Lichtsprache gilt es, in der Dunkelheit zu verstehen. Die Finsternis zu durchschreiten, ist das letzte Stück des Weges zum Urlicht. Hast du die Lichtsprache verstanden und gelernt, sie mit deinem Herzen zu sprechen, wirst du zum reinen Urlicht finden, das keinen Schatten mehr wirft. Dieses strahlende Urlicht ist verbunden mit der göttlich-weiblichen Urkraft, dem Herzen der Erde, dem Herzen der Großen Mutter, die über allem wacht.

Ich als Lichtpriester und König trage einen männlichen Funken dieses Urlichts in mir, der die tiefste Dunkelheit zu erhellen vermag. Ein Funken des Urlichts mag in seiner Größe klein erscheinen, doch seine Strahlkraft, die er in sich birgt, ist unendlich größer als jeder Raum der Dunkelheit. Unzählige Funken des Urlichts sind auf euren Planeten verteilt, aber auch ich vermag nur einen einzigen dieser gewaltigen Funken in mir zu tragen und zu halten. Unzählige Lichtdevas – die Diener des Urlichts – tragen Teilaspekte dieser Funken in alle Schöpfungsprozesse und transformieren diese konzentrierte Strahlkraft in andere Lichtfrequenzen. Die Lichtdevas weben reinstes, klares Licht und somit Energie in alle Schöpfungsprozesse und sind Mitschöpfer der Lebenskraft.

Möget ihr die unzähligen Lichtdevas um euch herum wahrnehmen, und ruft sie, wenn ihr die scheinbare Dunkelheit durchschreitet, um euren Weg zu erhellen.

Den Funken des heiligen Urlichts zu erblicken bedeutet, eure eigene Vollkommenheit und Göttlichkeit zu sehen.«

Zum Bild Seite 97: Im Park der Kathedrale von Chartres befindet sich eine alte Eibe, in deren Stamm sich der Lichtpriester zu erkennen gab. In einer beschützenden Grotte aus strahlend weißem Licht, umgeben von tiefster Dunkelheit, zeigt sich der Lichtpriester in menschlicher Gestalt mit gefalteten Händen im unteren Bereich des Bildes. Er trägt ein priesterliches Gewand und eine Krone. Für die Lichtgrotte wird von den Ästen der Eibe ein Tabernakel gebildet, dessen Spitze mit einem weiblichen, herzförmigen Wesen mit liebevollem und sanftem Blick verbunden ist. Dieses Wesen steht für die Verbindung zur weiblichen Quelle – der Großen Mutter.

Die Hüter des Wissens und die Meister-Devas

Manche der Devas von Shambhalla besitzen statt der stupa-ähnlichen Kopfform eine andere außergewöhnliche und große Kopfform, die im übertragenen Sinn das Gehirn birgt. Dieser für unsere Wahrnehmung übergroß erscheinende Kopf, oftmals ähnlich einer Pyramide, deutet auf das immense Wissen und die Weisheit hin, die darin enthalten sind. Die Meister-Devas zeigen sich häufig als bärtige, alte Wesen, die große Weisheit ausstrahlen.

Dieses innere Wissen wurde nicht durch Forschen oder logisches Denken angesammelt, es ist reines inneres Wissen, das mit den unendlich großen Infor-

Meister-Devas und Devas des Wissens

mationsfeldern verbunden ist, die kosmische, planetare und menschliche Informationen gespeichert haben. Die große Kopfform dieser Devas erinnert an die langgezogenen Köpfe der ägyptischen Pharaonen und anderer menschlicher Wesen vergangener Zivilisationen.

Die Wissens- und Meisterdevas gemahnen uns Menschen an unsere eigene Meisterschaft des Lebens. Sie zeigen uns, daß wir altes Wissen neu in die Welt bringen werden. Es ist wichtig, daß wir uns unseren eigenen inneren Wissensschatz zugänglich machen, um Neues hervorbringen zu können. Dabei geht es nicht darum, altes Wissen zu kopieren oder nachzuahmen, sondern um eine Weiterentwicklung und darum, altes Wissen mit dem modernen Wissen unserer Zeit zusammenzubringen.

Das Thema »Wissensmißbrauch« wurde über viele Jahrtausende immer wieder auf energetischer Ebene erschaffen, da nach menschlichen Maßstäben Wissen mit Macht gleichgesetzt wurde. Das vereinigte vollkommene und reine Wissen wurde einst auf viele Wissensträger verteilt, wodurch z. B. die Suche nach dem Gral oder dem Stein der Weisen entstanden ist. Letztendlich geht es jedoch einzig und allein um das Wissen über Licht und Energie.

Hüter des Wissens an heiligen Plätzen in Deutschland und Indien

Das Wissen von Besitzdenken und Machtansprüchen zu befreien, das ist eine Aufgabe, die es kollektiv und global zu lösen gilt.

Die Devas des Wissens tragen immer die Schwingung des Friedens, der Reinheit und der universellen Wahrheit in sich. Sie sind Hüter des Wissens unzähliger Informationsfelder, bis wir Menschen wieder soweit sein werden, alles Wissen wieder zu vereinen, um schließlich in Einheit, Frieden und Harmonie leben zu können.

Botschaft des Hüters des alten Wissens:
»Ich zeige mich in meiner Lichtgrotte, die sich im Stadium des Vergehens befindet. Altes Wissen scheint bald verloren zu gehen, doch ich tue alles, um es für euch Menschen mit meinem Licht zu erhellen, damit es von euch wahrgenommen werden kann. Spürt tief in euch hinein und verbindet euch mit der Mitte eures Seins – auch in euch ist altes Wissen verborgen. Verbindet euch mit mir, um eure innere Dunkelheit zu erleuchten und altes, wertvolles Wissen für die Neue Erde ans Licht zu bringen!«

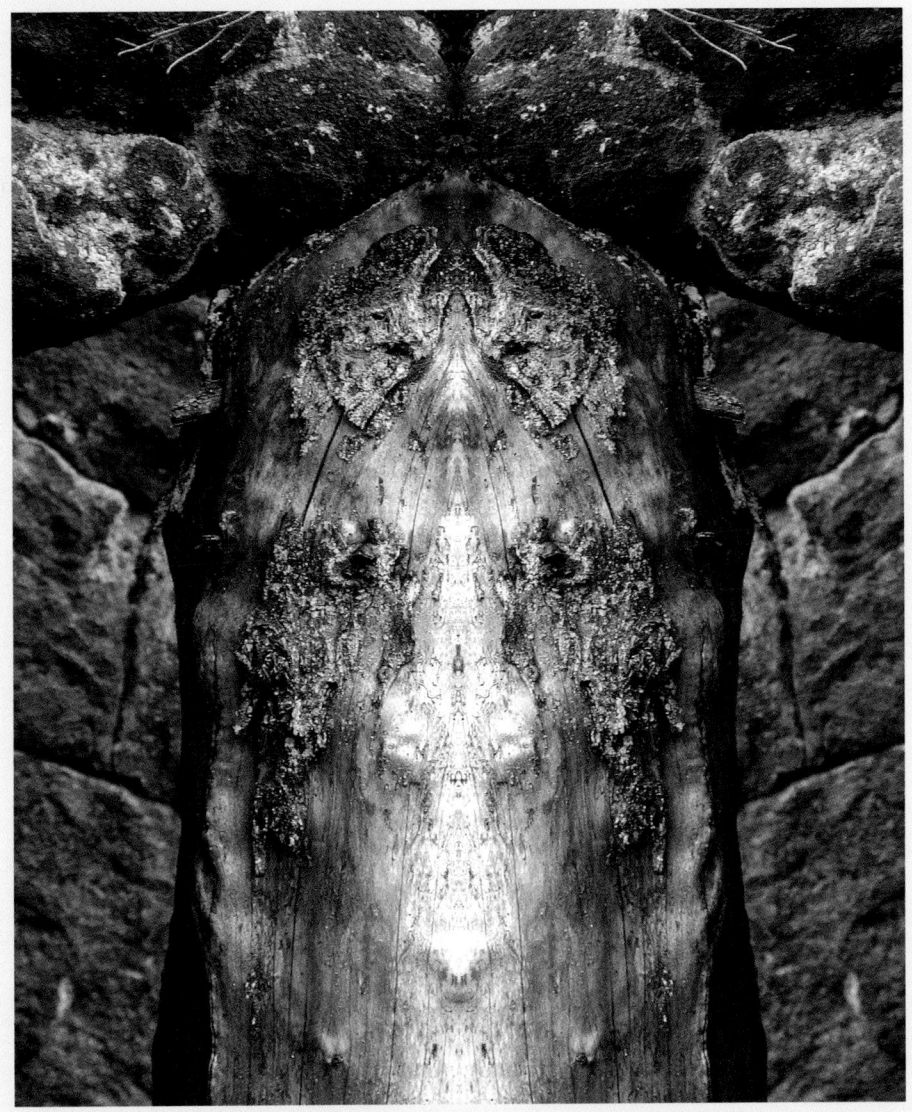

Botschaft des Hüters des alten Lichtwissens:

»Wir sind eine Gemeinschaft von Hütern, die die Lichtfrequenzen vergangener Zeiten und Zivilisationen wieder auf die Erde bringen wollen. Verbindet euch mit uns, wenn ihr wissen möchtet, ob auch ihr Träger alten Lichtwissens seid. Die Voraussetzung, mit uns zu arbeiten, ist eure absolute Reinheit auf Herz- und Geistebene. Unser großes Wissen bedeutet Macht, so daß wir sorgfältig prüfen, wem wir uns offenbaren. Wir suchen Diener des Lichts, die bedingungslos die Wahrheit, Reinheit und Klarheit des Urlichts wieder auf der Erde verankern. Seid ihr bereit zu dienen?«

Der Megistos des Äthers und die Wissens-Alchemie der Elemente:

»Ich bin ein Meister Shambhallas und der inneren Erde und bewahre Wissensfelder verschiedener Zivilisationen, die einst die Erde bewohnten. Ich erschaffe und erhalte die Vernetzungen zwischen dem ätherischen Lichtreich Shambhalla und den Lichtstätten im Innern der Erde und offenbare mich als Hüter der Samen der Einheit, die sich durch meine Formwerdung in der Materie hier auf der Erde aktivieren und entfalten.

Diese Lichtsamen sind Träger einer heiligen und konzentrierten Essenz. In ihnen sind alle Polaritäten ausgeglichen. Sie tragen die Vollkommenheit und Einheit in sich. Sie sind die neuen Kinder der Ganzheit.

Ich wirke in form- und felsgewordener Materie als grenzenloser Vermittler auf der Erde. Ich bin einer der Hüter des Elementes Äther, der die Lichtsamen der Einheit in die materielle Welt der Erde manifestiert. Diese Lichtsamen beseelen die Elemente Erde, Feuer, Wasser und Luft, die ich mit meinem ganzen Sein umspanne, um den geschützten Raum für die heilige Hochzeit zu erschaffen, in dem das lebendige Bewußtsein der Materie geboren wird.

Nur der Äther als einende, mächtige Kraft vermag diese Alchemie auf die Stufe der Vollkommenheit zu erheben. Die Alchemie der fünf Elemente bedarf des Wissens um das unsichtbare Licht der höheren Sphären und um den unhörbaren Klang aus dem Innern der Erde und auch um die Verschmelzung der tönenden Sphärenklänge mit dem Licht der inneren Erdstädte.

Somit hat sich alle Zweiheit im Licht und Ton der heiligen Samen geeint. Die Essenz der Materie beginnt jetzt durch diese Lichtsamen der Einheit neu zu wachsen!«

Naturwesen-Könige und -Königinnen von Shambhalla

Diese beschützten höchsten Naturwesen sind gekrönte Könige und Königinnen in nahezu menschlicher Erscheinung. Sie sind sowohl an besonderen Naturplätzen als auch in der Umgebung bedeutungsvoller und von Menschenhand geschaffener Bauwerke, wie z. B. Palästen, Festungen und Tempeln, zu finden. Ihre Präsenz deutet meist auf bedeutungsvolle und individuelle Botschaften hin, die oft losgelöst sind von den Plätzen, an denen sie erscheinen.

Die Naturwesen-Könige und -Königinnen von Shambhalla sind verbunden mit den höchsten, ursprünglichsten Schöpfungs- und Manifestationsenergien der göttlichen Quelle und repräsentieren die Reinheit und Wahrheit des Ursprungs. Sie sind Hüter, Wächter und Bewahrer der heiligen kosmischen und irdischen Schätze und erinnern uns immer an die reine Essenz von allem. Ihre Fähigkeit, zu regieren und die Ursprungs-Energien zu verteilen sowie in reiner natürlicher Form zu »herrschen« kennzeichnet sie. Sie sind Oberhäupter im ursprünglichen Sinne, frei von Besitzansprüchen und nutzen ihre Kräfte, zum Wohle aller. Als Botschafter des Friedens, der Einheit und der Harmonie halten sie diese Schwingungen, bis unser klares Bewußtsein und unsere Reinheit weit genug entwickelt sind, um diese Ur-Essenzen selbst wieder hervorbringen und halten zu können.

König der reinen Manifestationskraft

König des Samens des Bewußtseins

Hüter-König der Schwingungen und Frequenzen

König der Dimensionsreisen

Er erinnert und verbindet uns mit der Fähigkeit unseres Bewußtseins, in andere Dimensionen zu reisen. Die Weiterentwicklung unserer Wahrnehmung der nächsthöheren Dimensionen wird uns auf den Weg zurück zur Quelle führen.

Hüter-König der Energiefeldkugel

Er hütet das vollständig entwickelte Energiefeld der Erde und des Menschen in Form der vollendeten Kugel.

Die Königin des Lichtwassers

Sie erinnert uns an die Dimensionen des Lichtwassers und daran, dieses heilige Element als Grundlage der Erde und der Menschen zu würdigen und zu ehren. Das Lichtwasser ist wie ein Jungbrunnen, unsere Essenz für die nächsten Dimensionen. Lichtwasser kann durch Geist oder von Menschen erzeugte Lichtfrequenzen individuell programmiert werden und wird uns bereits durch unzählige heilige Quellen von Mutter Erde geschenkt.

Hüter-Königin der Gralsenergie

Sie hält, hütet und nährt den weiblichen, empfangenden Teil des Kelches, indem sie über ihre Arme mit dem Kelch verbunden ist. Über ihr ist der vollkommende Gral mit ausgeglichener weiblicher und männlicher Energie in Form einer Doppelpyramide sichtbar. Die Gralsenergie ist eingebettet in einen geschützten Raum, der durch große Äste gebildet wird; die Spitze des heiligen Raumes ist lichterfüllt.

König der Dimensionsreisen

Er zeigt sich als kleines, fast unscheinbares Wesen, eingehüllt in einem schwarzen Mantel auf einem geflügelten Reittier, das ihn durch die Dimensionen trägt. Bewacht und beschützt wird er von verschiedenen Wesen über ihm. Besonders dominierend ist der große, streng blickende Wächter mit seiner lichterfüllten spitzen Kopfbedeckung. Er führt und geleitet uns durch höhere Dimensionen und macht uns Dimensionssprünge möglich.

Der König des Samens des Lebens

Botschaft:

»Ich bin der Hüter des Samenkorns des Lebens, das mein ganzes Sein erfüllt. Beschützt und bewacht werde ich von Löwen-Sphinxen, die dir meine Gestalt offenbaren.

Ich trage die Lichtkristall-Krone, die die Herzenergie der Schöpfung empfängt, um den Samen des Lebens zu nähren. Mein Körper ist das Samenkorn, in dem sich weibliche und männliche Energien zu neuem Leben vereinigen und durch dessen Zentrum die kosmische Achse verläuft. Dieser Samen und die darin enthaltenen Energieströme brauchen den Schutz eines Panzers. So erinnert euch meine Form an den Panzer eines Insekts, dessen Innerstes dadurch geschützt wird.

Die vereinigten Lebensströme im heiligen Innern des Samens teilen sich, nachdem sie den Schutz des Samenkorns verlassen haben. Die Teilung dieser Lebensströme ermöglicht das Erfahren von Dualität und Polarität, die es auf höhere Ebene wieder zu vereinigen gilt. Doch zuerst müßt ihr den Samen des Lebens durch Herzenergie gebären. Ihr müßt ihm im Stadium des Werdens Schutz gewähren, damit er wachsen und sich entfalten kann. Die polaren Lebensströme in seinem Innern werden zur Entfaltung drängen und die Saat des Lebens aufbrechen. Sie wollen ausbalanciert werden, um auf höherer Ebene und am Ende der Ströme eins zu werden.

Der Samen des Lebens trägt in sich die Dreifaltigkeit von Geburt, Werden und Vergehen. Doch könnt ihr mit euren Bewußtsein und eurem Geist den Samen des Lebens mit Manifestationskraft und bedingungsloser Liebe erfüllen, um die Dreifaltigkeit zu lenken und ins Licht zu bringen.

Ihr seid die Schöpfer des Samens des Lebens! Pflanzt sie reichlich, diese heilige Samen, mit Weisheit und mit der Liebe eures Herzens, um die Zukunft der neuen Erde zu erschaffen.

Viele dieser Licht-Samen wurden bereits vor langer Zeit gesät und schlummerten im Verborgenen, um auf den richtigen Zeitpunkt ihrer Entfaltung zu warten. Viele dieser heiligen Samen brechen JETZT auf und erblühen in den Seelen der Menschen. Trägst auch du einen heiligen Licht-Samen in deiner Seele?«

Der König des Samens des Lebens

Der König der reinen Manifestationskraft

Botschaft:

»Ich zeige mich euch als strenger König mit Krone. Ich verkörpere und BIN die Herrscherenergie in ihrer reinen und ursprünglichen Form – frei von Eigennutz und Besitzansprüchen. Ich bin verbunden mit der Herrscherenergie aller irdischen Könige, Königinnen und Führer. Doch viel ist geschehen mit dieser Energie des Herrschens und Regierens über all die Jahrtausende des Menschseins. Ich bin gekommen, um euch an die Reinheit zu erinnern und euch wieder mit dem Ursprung zu verbinden. Ich zeige mich euch streng und ermahne euch, den Mißbrauch dieser Energie zu erkennen. Nun ist die Zeit gekommen, einen Wandel zu vollziehen. Er wird geschehen, wenn ihr die Möglichkeiten erkennt, die darin verborgen liegen. Die reine Manifestationskraft wurde ursprünglich von den Königinnen und Königen, den Herrscherinnen und Herrschern dazu eingesetzt, um für alle Lebewesen Fülle, Schönheit, Harmonie und Vollkommenheit zu erschaffen. Die Rolle der Anführer wurde einst von denjenigen übernommen, die selbstlos dienen wollten und voller Mitgefühl und reinsten Herzens waren. All eure irdischen Führer, die diese reinen Qualitäten in sich tragen, dürfen derzeit nicht ihren Platz einnehmen. Sie sind Lichtträger der höchsten Ebenen, und sie dienen im Stillen und Verborgenen. Doch in Wahrheit sind sie es, die diese alte und reine Kraft halten.

Ich bin gekommen, um jeden einzelnen von euch an die reine Manifestationskraft zu erinnern, denn nun ist eure Selbstverantwortung gefragt. Werdet zu eurem eigenen König, eurer eigenen Königin über euer eigenes Leben! So werdet ihr keine Führer und Regenten mehr brauchen. Bis ihr diesen Weg gemeistert habt, werde ich streng all diejenigen mit meiner Herrscherenergie unterstützen und begleiten, die sich derzeit auf all den verschiedenen Ebenen des Führens bewegen und versuchen, dies mit reinem Herzen zu tun. Der Weg ist noch weit, doch wir können ihn ein Stück gemeinsam gehen!

Die Naturwesen-Könige und -Königinnen haben sich lange im Verborgenen gehalten, doch nun ist es an der Zeit, euch an unserem Wissen teilhaben zu lassen.«

Der König der reinen Manifestationskraft

Priester- und Königs-Devas als Hüter von Energiefeldern

Diese Wesen zeigen sich als Könige bzw. Königinnen mit Krone oder als Priester bzw. Priesterinnen in heiligen Gewändern. Sie hüten energetische Strukturen und Geometrien. So spiegeln sie uns z. B. den Aufbau des menschlichen Energiefeldes mit unseren Chakren und Energiebahnen. Andere von ihnen sammeln bestimmte Energien und bilden Netze, bis diese irgendwann an die Menschen übergeben werden können, sobald sich unser kollektives Bewußtsein angehoben hat.

Lebenskraft und Chakren

Die Devas spiegeln uns in zahlreichen Varianten energetische Vorgänge wider, die sowohl unser eigenes menschliches Energiefeld als auch die Vernetzungen zwischen allem Leben und den feinstofflichen Welten betreffen. Bisher geben sie nur einen Teil dieser sehr komplexen Vorgänge preis. Die meisten Informationen, die sie über die Bilder zeigen, betreffen die Chakren und das Energiefeld der Menschen, indem sie uns den Fluß der Lebensenergie, Energiekanäle und die Wesenheiten und Geometrien der Chakren zeigen. Dies erscheint auch einleuchtend und sinnvoll, denn erst müssen wir unser eigenes Energiefeld verstehen, bevor wir all die feinstofflichen Energievorgänge wahrnehmen können, die uns umgeben und die zum Teil in großen globalen und kosmischen Zusammenhängen und größeren Dimensionen stattfinden.

Die Chakren des Menschen stehen in unmittelbarem Zusammenhang mit den Chakren der Erde. Die Erde als lebendes Wesen besitzt unzählige Kraftorte, an denen ihre Chakra-Energien nach außen strömen und von uns erfahren werden können. Die erste Aufgabe besteht darin, unser Chakren-System und unser Energiefeld zu wandeln und zu reinigen, so daß irdische und kosmische Energien durch unseren Körper frei fließen können und unser Lichtkörper erschaffen und belebt wird. Erst durch die Rückverankerung mit Mutter Erde können wir in höhere Dimensionen gelangen.

Die Devas spiegeln uns nicht nur unsere Chakren wider, sondern z. B. auch den Fluß der aufgestiegenen und vollständigen Lebensenergie in Form der Kundalini-Energie, die über unsere Chakren von unten nach oben aufsteigt und aus unserem Kronenchakra fließt, wenn sie zum göttlich richtigen Zeitpunkt geweckt wird. Diese Lebenskraft-Energie in ihrer reinsten und nährenden Form ist ebenfalls mit der Lebenskraft der Erde verbunden. Die Entwicklung und Bewegung dieser Lebensenergie findet derzeit parallel bei Erde und Mensch statt.

Kronenchakra
unsere Verbindung zum Himmel

Stirnchakra

Drittes Auge

Halschakra

Herzchakra *in dem sich*
Himmel und Erde verbinden

Solarplexus Chakra

Nabelchakra

Wurzelchakra
unsere Verbindung zur Erde

Zentralkanal
Kosmische Achse
Pranakanal

Yogi-Chakren-Deva

Dieses weise alte Wesen mit der Energie eines Yogis zeigt uns in seiner Erscheinung die menschlichen Chakren. Der breite Kanal, der seine Achse bildet, ist vergleichbar mit dem Pranakanal, den wir Menschen besitzen, und der sich ober- und unterhalb unseres Körpers fortsetzt. Er versorgt uns mit Energie und verbindet uns mit Erde und Kosmos. Jedes Chakra ist ein Zugang zu einem individuellen und komplexen Bewußtseinsfeld, das jedes für sich entwickelt und verfeinert werden muß.

Lebenskraft-Deva

*Diese weibliche, fast menschlich wirkende Deva offenbarte sich an einen Marienvereh-
rungsort in Mittelfranken. Sie stieg hoch über dem umgebenden Wald auf und zeigt sich
stehend in einem priesterlichen Gewand und einer Kopfbedeckung, die an eine Mitra oder
Bischofsmütze erinnert. Ihr Kronenchakra ist so weit geöffnet, daß Energien heraus-
sprühen. Es öffnet sich kelchförmig und ergießt sich nach außen und nach unten. Dieses
Bild kann symbolisch für die vollständig erwachte und fließende Kundalini-Energie
gesehen werden, die in Fülle aus unserem Kronenchakra strömt, wenn diese heilige
Lebensenergie zum richtigen Zeitpunkt über unsere Chakren von unten nach oben aufsteigt. Die Deva erscheint in zwei Körperhaltungen zugleich: mit geschlossenen und
ausgebreiteten Armen. Die fließende Kundalini-Energie ergießt sich nach unten und verbindet sich mit den ausgebreiteten Händen.*

*Dieses Bild entstand am 24. Dezember (Heiligabend) 2006, dem Zeitpunkt, an dem
sich durch die Geburt eines göttlichen Kindes ein neuer Lebensstrom auf der Erde manifestiert hat.*

Energiefeldkugel

Als Symbol der Vollkommenheit, Vollendung und Einheit wird von den Devas immer wieder die Kugel gezeigt. Sie steht auch für den Planeten Erde, für die Ganzheit und für den Energiekörper der Erde sowie des Menschen. Die Devas sind Hüter dieser Kugel, die unseren vollständig entwickelten Lichtkörper repräsentiert, der uns in Form einer Kugel umgibt. Auch unsere Chakren werden sich in ihrer Weiterentwicklung kugelförmig ausbilden und zu einer einzigen großen Kugel verschmelzen, wenn wir alle polaren Energien in uns ausgeglichen haben. Diese individuellen Prozesse der Menschen sind gleichzeitig an die Transformation der Erde gekoppelt. Erde und Mensch besitzen ein kollektives Energiefeld. Die Energiefeldkugel der Erde und des Menschen sind EINS. Die Reinigung und Klärung unseres Energiefeldes ist also gleichzeitig eine Reinigung und Schwingungserhöhung der Erde. Erst muß jeder einzelne wieder GANZ werden, bevor es EINE geeinte Erde geben kann.

Hüter-König der Energiefeldkugel

Dieser König wird von Wächtern geschützt. Er trägt eine Krone und hält das höchste Gut, unser vollständig entwickeltes Energiefeld in Form einer Kugel, in seinen Händen. Der Hüter-König wacht über die Energiefeldkugel auf kollektiver Ebene, während jeder Mensch ein individuelles Hüterwesen (Deva) besitzt, das unabhängig von seinem Schutzengel oder Geistführern über sein Energiefeld wacht.

Priester-Deva der Heiligen Erde

Priester-Deva der Heiligen Erd*e*

Botschaft:

»Ich bin Hüter des Wissens über die Heilige Erde. Heilige Gebete, Worte und Gesänge halten die kostbaren Frequenzen über die Heiligkeit des Planeten Erde. Ich bin kosmischer Gesandter und Bewahrer aus einem fernen Königreich und dazu auserwählt, das Wissen über die Heilige Erde zu erhalten, bis die Menschen erwachen und erkennen werden. Letztendlich sollt ihr Menschen mein Amt übernehmen, doch der Zeitpunkt ist noch nicht gekommen. Vieles muß noch in euch gewandelt werden, damit ihr die Wahrheit und Reinheit eures Planeten erkennen könnt. Erst dann kann ich meinen Dienst beenden und an die Wissenden und Weisen unter euch übergeben. Lernt die Stimme der Erde und der Schöpfung zu verstehen und mit dem Herzen zu fühlen und zu sprechen. Bis ihr dies wieder gelernt habt, werde ich die heiligen Frequenzen zusammen mit den bereits erwachten und wissenden Menschen halten, die sich mit mir über die Kraft der Gebete und Mantras verbinden. Ich sammle all die Heiligkeit und Ehre, den Respekt und das Mitgefühl, die ihr der Heiligen Erde entgegenbringt. Ich bin stiller Diener und bete zum Heiligen Lebewesen Mutter Erde, und ich bete für alle Unwissenden, damit sie erwachen! OM SHANTI«

Der Samen des Bewußtseins

Neben den Devas mit erleuchtetem Kronenchakra gibt es Devas, deren Kronenchakra ebenfalls voll ausgebildet ist, jedoch kein Licht ausstrahlt, sondern den Samen des Bewußtseins in sich trägt. Der Samen des Bewußtseins wird in der Zirbeldrüse bewahrt und zeigt sich bei den Devas von Shambhalla in der Mitte der Stirn. Ihn zu entwickeln und zu stärken ermöglicht uns eine Form der intuitiven Intelligenz, bei der wir in wenigen Augenblicken zu Erkenntnissen fähig werden, unsere unmittelbare innere Wahrnehmung verstärken und direktes Wissen erhalten können.

Deva von Shambhalla mit dem hellen Samen des Bewußtseins auf der Stirn

*Deva von Shambhalla mit dem hellen Samen des Bewußtseins auf der Stirn
und mit Viertem Auge in der Spitze des Kronenchakras.*

Der König des Samens des Bewußtseins

Botschaft:

»Ich bin der Hüter-König des Samens des reinen Bewußtseins, den ich in meiner Krone bewahre. Dieser Samen ist auf drei Ebenen in euch verankert: In euren Wurzeln, in eurem Herzen und im klaren Licht eures Geistes.

Beginnt mit dem Samen in euren Wurzeln und sät ihn neu und bewußt in Verbindung mit Vater/Mutter Erde, damit ihr ein starkes und kraftvolles Fundament für euer Sein erschafft. Dann nehmt diesen heiligen Samen und bettet ihn sanft und liebevoll in euer Herz. Hat er dort geduldig eure bedingungslose Liebe zum Sein erweckt, tragt ihr ihn weiter und legt ihn in eure Zirbeldrüse, wo er sich verankern, wachsen und ruhen kann.

Hier ist der Platz des Friedens für DEIN bewusstes Sein. Hier wird deine Krone der Meisterschaft erschaffen, wenn der Lichtsamen erblüht.«

König des Samens des Bewußtseins

Die Fähigkeit des inneren Sehens

Die Devas von Shambhalla besitzen die Fähigkeit, mit dem Dritten Auge das innere Wesen von allem, was existiert, zu sehen. Mit dem vollkommenen Dritten Auge können sie gleichzeitig sehen *und* wissen, wodurch das Verstehen aller Dinge möglich wird, ohne sie zu erforschen und ohne logisch zu denken. Daraus entsteht höchste Weisheit.

Sie tragen das Chakra des Dritten Auges zumeist ganz offensichtlich auf der Stirn, nämlich durch das optische Zeichen eines richtigen Auges. Dies verdeutlicht ihre Erkenntnisfähigkeit und die Sicht der verborgenen Wahrheit über das allsehende Auge. Sie lehren uns, über das Dritte Auge die unsichtbare Natur und vor allem das unsichtbare Licht in allem zu sehen. Unsere physischen Augen ergänzen das Dritte Auge und zeigen uns alles Sichtbare. Erst die Vereinigung des Sichtbaren mit dem Unsichtbaren ermöglicht uns eine ganzheitliche Art des Sehens.

Bei vielen Menschen ist das Dritte Auge unterentwickelt. Wenn wir dieses Chakra in seiner Strahlkraft vollkommen entfalten, machen wir die Vereinigung der männlichen und weiblichen Energie in uns möglich und können das Spiel der Dualität erkennen. Dadurch sind wir auch in der Lage, Zusammenhänge von einer höheren Sicht aus wahrzunehmen und zu erkennen.

Einige wenige Devas von Shambhalla verfügen über eine weitere Fähigkeit, die sie als besondere Wesen kennzeichnet: Im Bereich des Kronenchakras taucht manchmal ein Viertes Auge auf. Diese Verbindung von Drittem und Viertem Auge setzt eine Erkenntnisfähigkeit auf einer noch höheren Ebene als nur mit dem Dritten Auge frei. Mit dem Vierten Auge im Kronenchakra können überdies kosmische Zusammenhänge erkannt werden, und es gewährt eine multidimensionale Wahrnehmung und den Blick in die höherliegenden Dimensionen bis hin zur Quelle. Diese Fähigkeit dürfte auf der Ebene der Menschen derzeit nur bei wenigen entwickelt sein.

*Königs-Deva von Shambhalla
(Behüter der Lichtträger) mit Viertem
Auge im Kronenchakra*

Schlußwort und Ausblick

Die Naturdevas haben gerade erst damit begonnen, uns Menschen einige Schlüssel für neue und unbekannte Tore ihres unermeßlich großen Reiches in die Hand zu geben. Behutsam, respektvoll und achtsam sollten wir uns verhalten, wenn wir ihnen gegenübertreten und sie uns dann Stück für Stück ihres Lichtreiches erhellen. Die nächsten Jahre werden noch viele neue Erkenntnisse und Möglichkeiten bringen, mit ihnen zusammenzuarbeiten und die Heiligkeit der Natur wiederzuerkennen. Wir Menschen und die Naturdevas werden uns parallel zueinander weiterentwickeln.

Dieses Buch soll einen näheren Einblick in die Welt der Devas geben, denn sie halten ganz individuelle Botschaften und Aufgaben für jeden von uns bereit, wenn wir uns dafür öffnen. Ihre Weisheiten gründen sehr tief und werden sich uns erst nach und nach in naher Zukunft erschließen.

Als Hüter der Ursprungsenergien und der Reinheit allen Seins werden sie unverzichtbar sein, wenn es darum geht, Neues zu manifestieren. Die Rückverbindung zu Mutter Erde und die Achtsamkeit für die Natur werden die ersten Aufgaben sein, die wir zu bewältigen haben – denn ohne uns an unsere Wurzeln zu erinnern, können wir keine Flügel bekommen. Durch die Devas erhalten wir die Schlüssel, die uns das Verstehen der Naturgesetze und somit der Schöpfung leichter machen.

In der Natur liegen alle scheinbaren Geheimnisse offen, wir müssen nur lernen, wieder in ihr zu lesen wie in einem Buch.

>>Ich kenn ein Buch geschrieben
und leserlich für jede Creatur.
Ein Buch das einzig unverfälscht geblieben.
Das große Buch der heiligen Natur.<<

Steininschrift im Felsenlabyrinth Wunsiedel,
v. Pr. aus München, 1819

Über Weneja Turan

Intensive Klang- und Energiearbeit öffneten Weneja Turan die Bewußtseinsebenen zur Heiligen Geometrie, zur Schöpfung und zur Mutter Erde und damit das Tor zum Reich der Naturdevas. Bilder und Botschaften der Naturdevas entstehen durch das Medium Fotografie an besonderen Kraftorten und machen dort die Wesen und energetischen Zusammenhänge bildlich sichtbar, die von den Menschen oft nicht wahrgenommen werden können.

Spiegelbilder sind notwendig, um das Bild der ursprünglichen Einheit wieder in den Menschen zu erzeugen und die Wahrnehmungsfähigkeit zu schulen. Die Bildsprache der Devas gilt es zu entschlüsseln und den darin verborgenen Wissensschatz für uns Menschen wiederzuentdecken.

Weneja Turan sieht sich als Vermittlerin zwischen den verschiedenen Dimensionen und möchte dazu beitragen, daß die Naturdevas und die Vernetzungen der Multidimensionalität wieder in das Bewußtsein der Menschen zurückkehren.

»Macht euch mit Freude auf den Weg!«
Segenspendender König des Deva-Reiches

Wer sich schon einmal hat öffnen können für die subtilen Botschaften aus dem Reich der Naturwesen, der weiß, daß sie genau so sprechen, wie in diesem Buch von Weneja Turan. Begleitet von Naturfotos, die in der Spiegelung Verborgenes sichtbar machen, finden die Leser hier klare, liebevolle Botschaften und Offenbarungen der Naturdevas.

Wenja Turan
Die Rückkehr der Naturdevas
Gebunden, 48 Seiten
ISB 978-3-89060-273-8

Wer still werden kann, auch innerlich, wenn er sich im Wald bewegt; wer vielleicht auch mal auf allen Vieren durch den Unterwuchs kriecht; oder wer sich gar ein paar Tage (und Nächte!) ganz allein im Wald aufhält, der kann sie sehen, die »andere« Seite des Waldes, wo die Baumwesen und Pflanzengeister, die Feen und Zwerge wohnen. Dieses Buch mit inspirierenden Fotos und kurzen Textbeiträgen möchte Lust darauf machen, sich selbst in den Wald zu begeben und dessen andere Seite zu erleben.

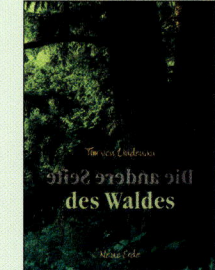

Tim von Lindenau
Die andere Seite des Waldes
Hardcover, 108 Seiten, 80 farbige Fotos
ISBN 978-3-89060-270-7

Menschwerdung ist der Moment, da uns das große Staunen überkommt, das ehrfürchtige Erschauern angesichts eines gewaltigen Sternenkosmos oder des Sich-Öffnens einer Blüte. Der Baum ist das Bindeglied zwischen dem Weltall, dem Leben auf der Erde und dem Kosmos in uns Menschen. Etwas von diesem Numinosen anhand vieler alter und neuer heiliger Haine und Wälder wieder sichtbar – und erfahrbar – zu machen, ist Anliegen dieses kulturgeschichtlichen Reiseführers.

Wolfgang Bauer/ Sergius Golowin/
herman de vries/ Clemens Zerling
Heilige Haine, heilige Wälder
Hardcover mit Schutzumschlag, 272 Seiten,
mit vielen Fotos + 32 Farbtafeln
ISBN 978-3-89060-064-2

Auch wenn es uns nicht bewußt ist: Wir leben alle im Reich der Elementarwesen. Immer und überall durchdringen sie unsere Seele. Die ganze Welt um uns herum ist von Elementarwesen durchseelt. An allem, was in der Natur geschieht, sind Elementarwesen beteiligt. – Auch unsere Innenwelt, die Welt unserer Gefühle und Gedanken, besteht aus Elementarwesen. In fast allen Lebenslagen haben wir es mit Elementarwesen zu tun.

Die Elementarwesen der Natur warten sehnlichst darauf, von uns Menschen bewusst ergriffen zu werden. Ihre zukünftige Existenz ist von uns abhängig. Es geht um die Rettung der Elementarwesen.

Thomas Mayer
Rettet die Elementarwesen
Paperback, 192 Seiten
ISBN 978-3-89060-517-3

Nachdem die Vorstellung, daß in der Natur unsichtbare Intelligenzen am Wirken sind, nicht mehr ganz so absonderlich erscheint, wie noch vor Jahren, ist jetzt die Zeit gekommen für dieses Buch, in dem uns einer vom elbischen Volk der Leprechauns erzählt, wie wichtig die Zusammenarbeit der Menschen mit den Naturgeistern ist. Leicht lesbar und auf unterhaltsame Weise bringt uns die Autorin Tanis Helliwell die Welt der Elfen, Devas und Elementale näher – und selbst Skeptiker werden ihr Vergnügen haben und ins Nachdenken kommen.

Tanis Helliwell
Elfensommer
Meine Begegnung mit den Naturgeistern
Ein Tatsachenbericht
Paperback, 224 Seiten
ISBN 978-3-89060-318-6

Das langerwartete zweite Buch von Tanis Helliwell, in dem sich die Naturgeister zeigen – wenn auch in einer für uns Menschen nicht immer sehr angenehmen Weise. Auf dieser Tour durch Irland stoßen die Leprechauns Tanis und ihre Gruppe mit ihrem Witz auf deren »blinde Flecken« und bringen sie immer wieder in das »Jetzt« – auch wenn nicht alle Reisenden das als besonders witzig empfinden. Doch letzten Endes ist es eine sehr lehrreiche Pilgerfahrt, auf der sich die große Weisheit der unsichtbaren Reisebegleiter offenbart. Wir Leser, vom Schalk der Naturgeister nicht betroffen, können uns bei der Lektüre bestens amüsieren – und dabei noch etwas dazulernen.

Tanis Helliwell
Elfenreise
Eine mystische Irlandfahrt mi den Naturgeistern
Ein Tatsachenbericht
Paperback, 208 Seiten
ISBN 978-3-89060-323-0

Im vorchristlichen Europa wie in allen anderen Teilen der Welt wurde die ganze Erde als ein atmendes Wesen gesehen, erfüllt von sichtbaren und unsichtbaren Lebensformen. Bäume waren in dieser heiligen Landschaft hochangesehene Pforten der Einweihung. Die Kraft und Energie heiliger Haine und einzelstehender alter Bäume half den Kelten, Germanen, Römern und Griechen, aber auch schon den Menschen der Bronzezeit und der Jüngeren Steinzeit, die Grenzen ihres Bewußtseins zu erweitern und Kontakt mit dem Unsichtbaren aufzunehmen.

Fred Hageneder
Der Geist der Bäume
Eine ganzheitliche Sicht ihres unerkannten Wesens
Gebunden mit Schutzumschlag, 416 Seiten, 17 x 24 cm,
reich illustriert, viele Farbabbildungen
ISBN 978-3-89060-472-5

Schon botanisch ist die Eibe eine Besonderheit: Ein einzelner alter Baum ist imstande, sich neu zu gebären und kann so praktisch ewig leben. Die Eibe ist der »Baum des Lebens«! Dieses beeindruckende Werk spannt eine solide Brücke zwischen Spiritualität und Wissenschaft, zwischen Urzeit und Moderne, es knüpft ein Netz zwischen Ethnologie, Religions- und Kulturgeschichte, Botanik, Dendrologie und Ökologie.

Fred Hageneder
Die Eibe in neuem Licht
Geb. mit Schutzumschlag, 320 Seiten, durchgehend farbig
ISBN 978-3-89060-077-2

DIE GEBETSFLÖTE erzählt die Geschichte eines kleinen Indianermädchens, das unter »ihrem« Baum Qill begegnet, einem Erdgeist, der sie in eine Höhle führt, wo sie vom Häuptling der Naturgeister eine Flöte erhält, auf der sie nicht einfach nur spielen, sondern auf der sie »beten« soll. Immer wenn sie das tut, sehen alle, die die Flöte hören, die Naturgeister, die beseelten, wirkenden Naturkräfte.

Tony Shearer
Die Gebetsflöte
Das Lied der Mutter Erde
Paperback, 96 Seiten
ISBN 978-3-89060-139-7

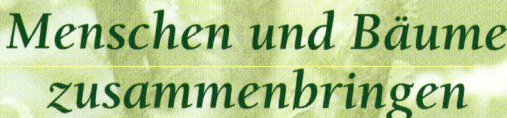

Menschen und Bäume zusammenbringen

Indem die »Freunde der Bäume« die alte weltweite Tradition Heiliger Haine (wieder) einführen, hoffen sie, ihren Teil zu jener Veränderung beizutragen, die notwendig ist, um die weltweite ökologische Krise zu meistern.
Mehr unter www.freunde-der-bäume.de
oder über den Verlag.

Freunde der Bäume

1. Auflage 2010

Weneja Turan
Die Botschaft der Naturdevas

© Weneja Turan/Neue Erde GmbH 2010
Alle Rechte vorbehalten.

Lektorat: Anja Fietz

Titelseite:
Foto: Weneja Turan

Gestaltung: Dragon Design, GB

Satz und Gestaltung:
Dragon Design, GB
Gesetzt aus der Berkeley

Gesamtherstellung:
L.E.G.O. S.p.A. Lavis (TN)

Printed in Italy

ISBN 978-3-89060-543-2

Sie finden unsere Bücher in Ihrer Buchhandlung oder im Internet unter **www.neue-erde.de**
Bücher suchen unter: **www.buchhandel.de**. (Hier finden Sie alle lieferbaren Bücher und eine Bestellmöglichkeit über eine Buchhandlung Ihrer Wahl.)
Bitte fordern Sie unser Gesamtverzeichnis an unter

Neue Erde GmbH · Cecilienstr. 29 · D-66111 Saarbrücken · Planet Erde
www.neue-erde.de